감정의 늪에서 빠져나오는 중입니다

감정의 늪에서 빠져나오는 중입니다

상처에 숨어버린 진짜 마음을 찾는 법

다나카 요시코 지음 | 전경아 옮김

현대
지성

"앞으로 무슨 일을 하면 좋을지 잘 모르겠어."

"하고 싶은 일을 아직 찾지 못했어."

최근 이런 이야기를 꽤 자주 듣습니다.

그런데 진짜 문제는 '하고 싶은 일'이 무엇인지 모르는 것이 아닙니다.

나는 언제 화를 내고 언제 슬퍼하는가?

언제 실망하고 언제 불안해하는가….

어떤 행동을 왜 하는지, 그때의 감정은 어떤지 알지 못하는 게 더 큰 문제입니다.

좋은 일이 생겼을 때도 마찬가지입니다. 언제 행복을 느끼는지 알지 못하니 마음 한구석에 늘 허전함을 느끼며 살아갑니다.

친구에게서 날아든 기분 좋은 소식에 함께 기뻐하고 싶은데 묘한 짜증이 밀려옵니다. 일이 잘 풀렸으니 신나고 즐거워야 하는데 마음이 헛헛합니다. 가족들과 화목하게 지내고 싶은데 얼굴만 보면 부딪쳐 자기혐오에 빠집니다. 대범하고 쿨한 사람이 되고 싶은데 사소한 일에도 안달복달합니다.

이렇게 자기 마음을 모르는 이유가 뭘까요?
내 감정을 내가 잘 안다고 '착각'하기 때문입니다.

"나는 내가 제일 잘 알아."
"나 화난 거 아닌데?"
"난 원래 우울한 사람이야."

하지만 과연 그럴까요?

'끝이 없는 어둠 속에서 발버둥 치는 느낌이야.'

'이 우울함은 언제 끝날까?'

'부정적인 감정의 늪에서 어서 빠져나가야지. 그런데 아무리 몸부림쳐도 빠져나갈 수가 없어. 어떡하지….'

이런 기분이 든 적, 있지 않나요?

갑작스럽지만 이쯤에서 저에 대해 소개하겠습니다.

저의 어린 시절은 꽤 불행했습니다. 어머니에게 정신적, 육체적 학대를 받았고 경제적으로도 여유가 없었습니다. 게다가 주위 시선에도 민감해 늘 사람들에게 잘 보이려고, 인정을 받으려고 애썼지요.

내 마음을 들여다볼 생각은 하지 않고 자신감도 없으면서 겉으로는 아닌 척 사람들을 대했던 탓에 사람들과의 관계도 순탄하지만은 않았습니다. 그렇게 보내온 세월이 자그마치 30여 년입니다.

그랬던 제가 인생을 바로잡을 수 있었던 계기는 내 것이라고 생각했던 감정을 하나하나 주의 깊게 살펴보기 시작한 것이었습니다.

그리고 상처 속에 숨어 있던 진짜 감정을 마주하게 되자 나의 말, 행동까지도 이해하고 받아들일 수 있었습니다.

그 후, 이 길고 힘들었던 방황의 역사와 실패의 경험을 밑거름 삼아 나를 알아가는 방법을 체계화했고 이를 많은 분에게 알려드렸습니다. 지금은 "혼자서도 행복해지는 법을 알게 되었다"; "나를 가장 잘 이해하고 있는 사람은 나라는 생각에 불안함이 사라졌다"라는 얘기를 많이 듣습니다.

저는 이 책을 통해 자기긍정감(자신을 있는 그대로 받아들여 소중하고 긍정적인 존재로 생각하는 것—편집자)을 높이면서 일과 연애, 인간관계와 관련된 다양한 '부정적인 감정의 늪'에서 빠져나오는 방법을 알려드리고자 합니다.

제1장에서는 잃어버린 자존감을 되찾기 위해 자신을 똑바로 들여다봄으로써 자신과 관련된 부정적인 감정의 늪에서 빠져나오는 방법을 알려드립니다.

제2장에서는 돈과 시간에 관한 다양한 가치관이나 잘못된 신념을 알아보고 이 늪에서 빠져나오는 방법을 알려드립니다.

제3장에서는 많은 사람이 고민하는 인간관계에 관하여 알아보고 자기 자신을 잃지 않으면서 관계를 맺으려면 어떻게 해야 하는지 알려드립니다.

제4장에서는 일에 관해 알아보고 더 나은 인생을 살기 위해서는 어떻게 해야 하는지 알려드립니다.

제5장은 연애와 결혼 편입니다. 상대에게 휘둘리지 않고, 상대를 내 마음대로 휘두르는 일도 피하려면 어떻게 해야 하는지, 반복되는 부정적 연애 패턴을 끊으려면 어떻게 해야 하는지 등 연애와 결혼에 관련된 부정적 감정의 늪에서 빠져나오는 방법을 알려드립니다.

꼭 순서대로 읽지 않아도 괜찮으니 지금 당장 빠져나오

고 싶은 늪이 있다면 거기서부터 읽으면 됩니다.

내 마음을 알기 위해 할 수 있는 것부터 하나씩 해봅시다. 하루하루를 즐겁게 보내기 위하여, 내일은 좀 더 편해지기 위하여 우리 함께 부정적 감정의 늪에서 슬기롭게 탈출합시다.

다나카 요시코, 마인드트레이너

목차

♥　　들어가기에 앞서　　　　　　　　　　　　　　　　◆ 007

 나는 내가 싫어요: 자존감 편

01　끊임없이 자책하는 늪　　　　　　　　　　　◆ 021
〜　내가 나를 감시할 필요는 없다

02　감정을 억눌러 자신을 잃어버리는 늪　　　　◆ 026
〜　감정을 드러낼 때를 안다
〜　감정을 해방한다

03　사소한 일로 고민하는 늪　　　　　　　　　◆ 032
〜　고민이 생길 때마다 남에게 털어놓지는 않는다
〜　할 수 있는 것과 할 수 없는 것, 사실과 사실이 아닌 것을 구분한다

04　했던 말을 두고두고 곱씹어 생각하는 늪　　◆ 037
〜　즐거웠던 식사 자리가 집에 돌아오고 나서는 지옥으로...

05　아무도 나를 이해해주지 않는 것 같은 늪　　◆ 041
〜　자신을 이해해주는 사람이 좋은 사람이 되는 이유

06　갑자기 찾아오는 바닥 모를 우울감의 늪　　◆ 046
〜　마음이 우울한 상태에서는 편히 쉴 수 없다

07　하고 싶은 일 앞에서 주저하는 늪　　　　　◆ 051
〜　내가 케이크를 먹어도 될까?

08　자신의 일을 스스로 결정하지 못하는 늪　　◆ 057
〜　실패를 많이 해서 결정하기가 두렵다

09　다른 사람을 중심으로 생각하는 늪　　　　◆ 062
〜　남의 기분을 먼저 생각하지 않는다

제2장 **하루가 의미 없이 흘러가요: 돈과 시간 편**

10 뭐라도 하지 않으면 불안해 견딜 수 없는 늪　　◆ 071
〜 인정받지 않으면 견딜 수 없다

11 돈을 탕진하고 자책하는 늪　　◆ 076
〜 감정을 낭비하고 있다는 걸 깨닫는다

12 절대 손해 보지 않으려는 마음의 늪　　◆ 080
〜 손해 보지 않는 인생을 살려 했지만...

13 부자가 되고 싶다는 마음을 부정하는 늪　　◆ 085
〜 일하지 않으면 돈을 벌 수 없다는 생각 자체를 의심한다

14 돈에 관해 지나치게 걱정하는 늪　　◆ 089
〜 모르니까 불안하다

15 SNS를 보고 우울해하는 늪　　◆ 093
〜 SNS로는 자존감을 채울 수 없다

제3장 **사람을 대하는 게 어려워요: 인간관계 편**

16 사람들의 시선을 지나치게 의식하는 늪   • 099
〜 실은 별 생각 없다

17 부탁을 거절하지 못하는 늪   • 105
〜 자신을 귀하고 소중히 여기는 사람을 싫어하는 사람은 없다

18 사람들에게 잘 휘둘리는 늪   • 110
〜 적당히 관계 맺는 것도 중요하다

19 속마음을 드러내지 못하는 늪   • 114
〜 마음에도 없는 말을 하면 상대의 진의를 의심하게 된다

20 칭찬을 받아도 순순히 받아들이지 못하는 늪   • 118
〜 왜 칭찬을 받으면 마음이 불편한가?

21 부탁할 때 죄책감을 느끼는 늪   • 123
〜 '소금통 좀 줘'부터 시작하자

22 사람들이 생각 없이 던진 한마디에 상처받는 늪   • 127
〜 언제까지 낙담해 있을지 시간을 정하자

23 대화 도중에 말이 끊기면 불안해하는 늪   • 132
〜 말보다 중요한 것

24 모르는 게 있으면 의기소침해지는 늪   • 136
〜 아는 척하다가 위기에 처하는 이유

25 모든 일을 극단적으로 바라보는 늪   • 142
〜 세상에는 회색 지대가 가장 많다

26 다른 사람을 질투하는 늪   • 146
〜 질투라는 감정을 부정하면 성공이 멀리 달아난다

제4장　**월요일이 오는 게 두려워요: 일과 회사 생활 편**

27 회사에서의 관계 때문에 고통받는 늪 ◆ 153
〜 다른 사람의 행동에 동요하지 말고 그를 존중한다

28 힘든 일을 도맡아 하는 늪 ◆ 157
〜 열심히 한다는 것에 대한 생각을 바꾼다

29 일을 못해 스스로 실망하는 늪 ◆ 164
〜 작은 일을 꾸준히 해내는 것이 일을 잘하는 지름길

30 다른 사람에게 유난히 엄격한 늪 ◆ 171
〜 사람을 억지로 바꿀 수는 없다

31 언제나 남의 평가에 신경 쓰는 늪 ◆ 176
〜 일은 인생의 일부일 뿐이다

32 남을 돕지 않으면 안 될 것 같은 늪 ◆ 181
〜 상대의 행복을 생각한다는 것

33 지금 하는 일이 자신에게 맞는지 고민하는 늪 ◆ 185
〜 내가 좋아하는 일을 하겠다고 말했지만...

34 하고 싶은 일이 없는 늪 ◆ 190
〜 인생을 바꾼 질문
〜 당신은 어디에서도 빛날 수 있다

35 일을 쉬지 못하는 늪 ◆ 198
〜 균형을 이루는 삶의 중요성

36 열심히 사는 사람을 삐딱하게 바라보는 늪 ◆ 203
〜 '노력'의 정의를 바꿔보자

37 죄책감 때문에 돈을 벌지 못하는 늪 ◆ 208
〜 돈을 받는 것에 죄책감을 느끼는가?

제5장 **새로운 사랑을 할 수 있을까요?: 연애·결혼편**

38 **버림받을 것 같은 두려움에 빠지는 늪** ◆ **215**
～ 자신을 소중하게 여기지 않는다

39 **자기를 탓하는 늪** ◆ **221**
～ 행복의 순서를 확인한다

40 **상대를 탓하는 늪** ◆ **226**
～ 상대에게 부담만 주는 사랑법

41 **과거 실패에 사로잡히는 늪** ◆ **229**
～ 과거에 집착한다

42 **나만 운이 나쁘다고 느끼는 늪** ◆ **232**
～ 맹목적인 사랑에서 탈출하는 방법

43 **아무에게도 사랑받고 싶지 않은 늪** ◆ **238**
～ '좋아한다'와 '미움받고 싶지 않다'는 의미가 전혀 다르다

♥ **맺음말** ◆ **242**

제1장

나는 내가 싫어요

자존감 편

01

끊임없이 자책하는 늪

"난 안돼."

"나는 왜 이렇게밖에 못할까?"

　무의식중에 자신을 무시하는 말을 자주 하는 사람들이 있습니다. 자기도 모르게 이런 말이 입버릇이 되었다면 주의가 필요합니다. 이런 말을 계속하다 보면 '난 뭘 해도 안돼', '해봤자 소용없어'라는 생각이 뇌에 각인되기 때문입니다.

다른 사람이 칭찬해도 오히려 자기 잘못을 지적하며 '더 열심히 해'라고 스스로 다그칩니다.

설령 일이 잘돼도 '운이 좋았어', '얻어걸린거야'라며 본인의 실력을 인정하지 못해 잠깐 기뻐했다가도 금세 불안해합니다.

이렇게 자신을 받아들이지 못하니 힘을 내려 해도 기운이 빠지고 자신감이 사라져 점점 더 긍정적이고 발전적인 에너지를 낼 수 없게 됩니다.

'더 노력하지 않으면 안 돼.'
'이렇게 하지 않으면 인정받을 수 없어.'

끊임없이 자책하고 자신을 다그치며 무언가 해야 한다고 생각합니다. 자신을 있는 그대로 받아들이지 못하기 때문입니다. 무언가 되고 싶은 모습은 있는데 자신이 그 기준에 도달하지 못하니 남들은 이만하면 됐다고 해도 전혀 자신을 인정하지 못합니다. 자신이 생각하는 이상적인 모습과는 거리가 먼 지금의 모습이 점점 싫어질 뿐이지요.

내가 나를 감시할 필요는 없다

끊임없이 자책하는 늪에 빠진 사람은 자신의 가치를 깨닫지 못한 채 끊임없이 아등바등하며 살아갑니다. 어쩌면 사람들에게 인정받은 경험이 많지 않아 완벽을 추구하는 습관이 몸에 배어 있는지도 모릅니다. 그래서 눈에 보이는 성과가 나올 때까지 자신을 인정하지 못하는 것이지요.

'잘했는가, 못했는가.'
'좋았는가, 나빴는가.'

위와 같은 이분법적 도식에 사로잡혀 심술궂고 못마땅한 눈초리로 끊임없이 스스로 감시합니다.

일단은 '끊임없이 자신을 탓하는 행위'부터 멈춥시다. 그리고 지금부터 조금만 생각을 바꿔보면 어떨까요? 이렇게 말입니다.

'나는 안 돼'하고 움츠러든다

↓

또 자책했네. 나는 왜 자꾸만 안 된다고 생각할까?

아, 발표 준비를 제대로 못했구나….

완벽하진 않지만 이 정도는 할 수 있지 않을까?

자신을 탓하고 추궁하는 방향이 아니라 어디가 잘못됐는지, 내가 어디까지 할 수 있는지에 주목하여 '자책하는 늪'에서 빠져나올 수 있게 조금씩 바꿔가 봅시다.

물론 그렇게 자신을 탓하는 이유도 나름대로 있겠지요. 사실은 사실대로 받아들이되 앞으로 자신에게 필요한 생각은 무엇일지 객관적으로 고민하는 마음이 필요합니다.

✦

이런 감정의 늪에서는 어떻게 벗어날까?

〰〰〰〰〰〰

- '그렇게 일일이 자책할 필요 없어'라고 자신에게 말해주자.
- 자책에서 끝내지 말고 무엇을 개선할 수 있는지에 주목하자.

02

감정을 억눌러 자신을 잃어버리는 늪

　최근 들어 부쩍 새치기하는 사람에게 불같이 화가 나고, 배우자나 친구의 사소한 실수에도 감정 조절이 안 되는 일이 잦아졌어.

　원래는 이 정도 일에 짜증 내는 사람이 아니었는데 요즘 왜 이럴까? 이렇게 불안하고 울적한 이유가 뭔지도 잘 모르겠어.

　집도 있고 일도 있고 친구도 있고 연인도 있어. 아무 문제없이 잘 사는 것 같은데 마음은 왜 이렇게 편치 않을까?

왜 행복하지 않을까?

　나조차 이유를 모르니 누군가에게 설명도 못 하고, 진심으로 걱정해주는 사람에게 괜스레 미안한 마음만 들어.

　특별한 일이 없는데도 계속 인생이 뭔가 잘못되었다고 느끼고 있나요? 그렇다면 무슨 일이든 실수 없이 완벽하게 해내야 한다는 생각에 빠져 있을지도 모릅니다. 그 이면엔 다른 사람에게 인정받고 싶은 마음이 숨어 있습니다. 하지만 '주변 사람의 눈에 제대로 하고 있는지'에만 골몰하다 보면 자신의 감정이나 생각은 무시하기 일쑤입니다. 어느새 자기 자신을 잃어버리는 거죠.

감정을 드러낼 때를 안다

　자기 자신을 잃어버리는 늪에 빠진 사람은 아주 오랫동안 자신의 감정을 무시해왔을 겁니다. 상대방이 듣고 싶어 하는 말을 한다든지 남들의 상황을 최대한 고려해 결정한다든지 분위기에 맞춰 행동하는 게 습관이 된 거죠.

뒤집어 생각해보면 지금의 상태는 당신의 마음이 '이대로 가면 계속 답답한 인생을 살 수밖에 없어. 그러지 말고 이번 기회에 자신을 돌아보자. 내가 어떤 상태인지, 무엇이 필요한지 알면 불안하고 울적한 상태에서 벗어나 더 편안하게 살 수 있어'라고 알려주는 고마운 신호라고 할 수 있습니다.

이제부터 슬슬 자신의 기분이나 감정을 확인해보라는 말이지요.

자기 자신을 잃어버리면 차츰 돈이나 시간도 자신의 행복을 위해서 쓰지 않습니다. 자신의 감정뿐 아니라 물질까지도 다른 사람을 위해 쓰면서 한편으로는 답답함과 억울함을 느낍니다.

일단은 자신에게 마음을 쓰는 기회를 늘려봅시다.

기분은 알기 어려워도 몸이 보내는 신호는 금세 알아챌

수 있습니다. 먼저 몸 상태가 어떤지 자세히 살펴봅시다.

'가슴이 답답하다, 몸이 나른하다, 소화가 잘 되지 않는다, 몸과 마음이 무겁고 개운하지가 않다…'

위와 같은 상태가 반복된다면 지금 무엇을 생각하고 있는지, 기분은 어떤지 확인해봅시다.

'그러고 보니 잠들기 전에 또 나쁜 상상을 했구나' 등 무엇이든 상관없습니다. 지금 제일 신경 쓰는 일이 무엇인지 아는 게 핵심입니다.

정 생각이 나지 않거나 기분을 들여다보는 게 힘들다면 '생각하려고 했는데 귀찮네' 정도까지만 확인해도 괜찮습니다.

감정을 해방한다

'혼자 있는 시간'을 마음껏 즐겨보세요. 남에게 맞추지 않는 혼자만의 시간을 만들어 다른 사람은 생각하지 말고 오로지 자기감정을 정면으로 대면해 어떤 상태인지를 알아보는 것입니다.

굳이 웃으면서 즐거운 시간을 보내지 않아도 됩니다. 부정적인 생각이 들고 괴로운 마음이 들어도 억지로 참거나 억누르지 말고 '지금 내가 무슨 생각을 하는지 알고 싶다' 정도의 마음으로 자신의 감정을 확인하고 해방하는 시간을 보냅니다.

'내가 요즘 무리했구나.'

'나만 배려한다고 느껴 억울했는데 그걸 모르고 마냥 억눌러왔구나.'

'그때 그 행동이 무례하다고 느껴 기분 나빴구나.'

감정과 그 원인을 알게 되면 신기하게도 마음이 편안해집니다. 남들과 함께 있을 때는 감정을 제대로 들여다보기 어렵습니다. 하루 중 아주 잠깐이라도 혼자 있는 시간을 만들어 오로지 내게만 집중해보세요. 잃어버렸던 당신을 다시 만나는 아주 귀한 시간이 될 것입니다.

이제껏 감정을 무시하고 억누르는 바람에 자기 자신을 잃어버린 것뿐이니까요. 이제 남에게 인정받으려는 노력을 그만두고 내 마음을 있는 그대로 인정해줍시다.

이런 감정의 늪에서는 어떻게 벗어날까?

• **혼자만의 시간을 확보하고 자신의 감정을 깊이 들여다본다.**

03

사소한 일로 고민하는 늪

친구가 생각없이 던진 한마디가 마음에 걸려 몇 년이나 혼자 속앓이를 할 때가 있습니다.

기억하기도 싫은 사건이나 걱정거리가 머리에서 떠나지 않고 내내 떠오르기도 합니다.

주변에서 아무리 '별것도 아닌 일에 고민할 필요 없어'라고 말해줘도 소용없습니다. 본인도 머리로는 쓸데없는 생각이라는 걸 알지만 어느새 머리를 싸매고 있습니다.

그 일이 중요하든 중요하지 않든 사람의 성향에 따라 고민의 깊이는 다를 수밖에 없습니다. 그런데 이 사실을 부정하고 '왜 다른 사람은 아무렇지도 않은데 나는 이런 사소한 일로 고민하는 걸까?'라고 생각하면 자신감만 잃을 뿐입니다.

　사람에 따라 예민함의 정도가 모두 다르기 때문에 다른 사람이 보기에는 별것 아닌 일이라도 나에게는 의외로 크게 응어리가 지거나 고민거리가 될 수 있습니다. 하지만 내가 유별난 것이 아니라 남들보다 조금 더 섬세하고 예민하다는 것을 받아들이는 게 우선입니다. 섬세하다거나 예민하다는 것 자체는 결코 나쁜 게 아니니까요.

고민이 생길 때마다 남에게 털어놓지는 않는다

　사소한 일로 고민하는 사람들은 과거에 겪었던 실패나 부정적 경험에만 주목하기 쉽습니다. 그리고 점차 습관처럼 '나는 실패만 했지'라고 극단적으로 생각합니다. 자기도 모르는 사이에 생겨버린 실패에 대한 두려움 때문에 새로운 일에 도전하는 것도 쉽지 않습니다.

작은 일에도 쉽게 반응하고 고민한다면 다른 사람에게 자주 고민 상담을 하지 않도록 주의해야 합니다. 왜 그럴까요?

우선 예민하고 섬세한 사람들의 고민은 워낙 사소해서 듣는 사람의 공감을 이끌어내기 어렵습니다.

"신경 쓸 것 없어", "괜찮아", "왜 그런 아무것도 아닌 일로 울적해하는 거야?"라는 말을 듣기 십상이라 결국 해결도 못 하고 마음이 가벼워지지도 않습니다. 오히려 기분만 더 울적해집니다.

또 매번 고민 상담을 하다 보면 듣는 사람들은 "또 시작이야?" 같은 반응을 보일 수 있습니다. 듣는 입장에서는 같은 이야기를 반복해서 듣기 때문에 쉽게 지칠 수밖에 없죠. 공감이나 위로, 조언을 얻기 위해 고민 상담을 했는데 이런 반응이 돌아온다면 마음이 풀리기는커녕 자칫 관계가 틀어질 위험도 있습니다.

할 수 있는 것과 할 수 없는 것,
사실과 사실이 아닌 것을 구분한다

이 늪에서 빠져나오려면 제일 먼저 '할 수 있는 것'과 '할 수 없는 것'을 나누어 생각해야 합니다.

예를 들어 '인사를 하면 다들 무시하네. 나를 싫어하는 게 아닐까'라고 고민했다고 합시다. 이 경우, 내가 할 수 있는 일은 무엇일까요? 인사를 받아줄지 말지는 상대방이 결정할 문제입니다. 내가 할 수 있는 건 없습니다. 할 수 있는 일이라면 내 생각을 바꾸는 것뿐이죠.

또 하나, '사실'과 '사실이 아닌 것'을 구분할 필요가 있습니다. 위와 같은 경우에 사람들이 내 인사를 받아주지 않았다는 것은 사실이지만 사람들이 나를 싫어한다는 것은 확실하지 않은 생각입니다. 잘 생각해보면 사람들은 나를 싫어할 수도 있지만 그렇지 않을 수도 있습니다. 다만 사람들의 행동을 보고 내가 추측한 것이죠. 그렇게 행동하는 상대방의 마음과 생각은 상대방만 알고 있을 뿐입니다.

이렇게 사실과 사실이 아닌 걸 구분할 수 있습니다.

　중요한 부분이 또 하나 있습니다. 사람들이 당신을 좋아해야 할 의무는 없다는 것입니다. 이 또한 전부 그들이 결정할 일입니다. 사실은 사실대로 받아들이고 상대방이 결정해야 할 일은 상대방에게 맡깁시다. 만약 그 사람들이 계속 인사를 받아주지 않는다면 억지로 하지 않아도 됩니다. 사람들이 오늘 인사를 받아주지 않은 건 당신의 기나긴 인생 중에 반짝하고 일어난 사소한 일일 뿐이니까요.

✦

이런 감정의 늪에서는 어떻게 벗어날까?

- 사실은 사실대로 받아들이고 상대방이 결정해야 할 일은 상대방에게 맡기자.

04

했던 말을 두고두고 곱씹어 생각하는 늪

제 딴에는 좋은 마음으로 했던 한마디가 갑자기 마음에 걸려 일이 손에 안 잡힌 적이 있나요? 예를 들어 "질문 있으면 언제든 말해"라고 해서 바로 물어보았는데 '사실은 귀찮지 않았을까? 실례가 된 것은 아닐까?' 하고 고민했던 일 말입니다.

실제로 이렇게 마음을 졸이는 사람이 적지 않습니다. 종종 상대방의 마음을 다치게 하고 싶지 않아 인사치레를 하는 경우가 있는데, 이것 때문에 괜스레 일이 꼬이기도 합니다.

이럴 땐 '빈말인 줄 몰랐어…' 하고 혼자 속앓이를 할 게 아니라 빈말한 쪽이 잘못이라고 생각을 바꿔보는 것은 어떨까요? 빈말인 걸 모르고 자신이 했던 말, 부탁을 떠올리며 계속 머리 싸매고 고민해봤자 상황은 좋아지지 않습니다. 아무리 빈말이라도 어떻게 받아들일지는 그 사람의 문제이기 때문입니다.

혹시 상대가 하는 말이 빈말 같으면 이렇게 한마디 덧붙이고 대화를 시작합시다.

"먼저 그렇게 말씀해주시니 실례가 안 된다면 질문 하나 해도 될까요?"

이렇게 미리 밝혀두면 질문하기 전에 한 번 더 허락을 받을 수 있습니다. 그러면 궁금했던 점이나 말하기 어려웠던 것을 쉽게 물을 수 있고, 상대는 당신을 보고 '내가 한 말을 곧이곧대로 받아들이는 사람이구나' 하고 다음부터는 빈말을 하지 않도록 조심할 것입니다.

즐거웠던 식사 자리가
집에 돌아오고 나서 지옥으로...

친구나 지인과 즐겁게 식사를 했는데 집에 돌아오고 나서 '그 말은 하지 말걸', '기분 상하지 않았으려나' 하고 마음 졸였던 경우가 있지 않나요?

그게 계속 마음에 걸려 조금 전까지 즐거웠던 기분은 어딘가로 사라지고 '그 말 때문에 기분이 상했을까?', '그러고 보니 표정이 좀 안 좋았던 것 같아'라고 계속 생각하게 되죠.

하지만 이런 일은 아무리 고민해봤자 문제가 해결되지 않습니다. 당신도 잘 알고 있을 것입니다.

그래도 '그 말은 하지 말걸 그랬다'라고 생각하는 건 상대에게 밉보이고 싶지 않다는 증거인데, 이는 사실 긍정적이고 발전적인 감정입니다. 상대에게 무례한 사람으로 보이고 싶지 않거나 그가 자신을 싫어할까 봐 걱정하는 것 자체가 잘못은 아니니까요.

그럴 때는 '이렇게 고민하는 이유는 그 사람에게 잘 보이고 싶고, 더 사이좋게 지내고 싶어서야. 내 나름대로 힘내서 말을 걸었고 궁금했던 걸 물었어. 그러니 물어보길 잘했다'라고 생각해보는 건 어떨까요?

긍정적인 감정에 초점을 맞추면 즐거웠던 시간이었음을 다시 깨닫고 마음이 편안해질 것입니다. 만약 침묵을 견디기 힘들어 억지로 떠들었다가 괜한 말을 했다고 후회한다면 '대화 도중에 말이 끊기면 불안해하는 늪'을 소개하는 23장(P.132)도 함께 보시기 바랍니다.

✦

이런 감정의 늪에서는 어떻게 벗어날까?

• 빈말은 말한 사람에게 책임이 있다고 생각하자.

05

아무도 나를 이해해주지 않는 것 같은 늪

인간은 누구나 다른 사람에게 사랑받고, 인정받기를 원합니다. 내 마음을 알아주길 바라죠. 이런 마음은 쉽게 사라지지 않습니다. 특히, 가까운 사람에게는 이런 마음이 더 강하게 표출됩니다.

그런데 이런 마음이 있으면 자기감정에 더 솔직해질 수 없습니다. 속으로는 나를 이해해주기를 바라면서도 마음을 터놓고 도움을 청하지 못하는 겁니다. 그리고 자신을 이해해주는 사람이 생기면 그에게 집착하다가 상대방이 질려 떠나게 만들거나 이상한 사람만 주변에 꼬이는 악순환에 빠집니다. 자신에게 공감해주고 칭찬해주는 사람만 좋은 사람이라고 판단하기 때문입니다.

의식하고 있지는 않더라도 자신을 이해해준다고 생각하는 사람에게는 '굳이 말하지 않아도 내가 무엇을 바라는지 알아줘'라며 부담스러운 의무를 강요합니다.

처음에는 괜찮았던 인간관계도 차츰 삐걱대기 시작하고 결국 '역시 그 사람도 나를 알아주지 않아', '내가 이만큼 맞춰줬으니 좀 더 나를 이해해주면 좋을 텐데'라고 자기중심적으로만 생각합니다.

내가 원하는 대로 반응해준다 = 내 마음을 알아주는 좋은 사람
원하는 대로 반응해주지 않는다 = 나를 이해해주지 않는 나쁜 사람

무의식중에 상대방이 좋은 사람인지 아닌지를 이렇게 구분하고 있지는 않나요? 그렇다면 아무도 나를 사랑하지

않는다고 생각하면서도 실상은 내가 사람들을 마음대로 휘두르며 괴롭히는 상태인지도 모릅니다.

이 세상에 내가 원하는 대로만 반응하는 사람은 없으니까요. 그러다 보면 '결국 아무도 나를 사랑하지 않아', '왜 아무도 내 마음을 알아주지 않을까', '나를 이해하는 사람은 아무도 없어'라는 착각의 늪에 빠져 살게 됩니다.

이런 사람 중에는 어렸을 때 부모님이나 가족에게 이해를 받지 못하고 자란 사람이 많습니다. 그래서 가까운 상대일수록 조금이라도 나를 이해해주지 않으면 안절부절 못하죠.

자신을 이해해주는 사람이 좋은 사람이 되는 이유

나를 늘 이해해주고 지켜봐주고, 알아주는 사람. 세상에 그런 사람이 있을까요? 네, 확실히 있습니다. 바로 당신 자신입니다.

곁에 아무도 없는 것 같을 때, 한숨 돌리고 지금까지 살아온 인생을 돌아보세요.

인생의 굴곡진 순간마다 사람들의 이해를 얻기 위해 슬퍼하고 분노하고 낙담하면서 열심히 노력해왔을 겁니다. 그런데 자신을 이해하기 위해 남들에게 했던 만큼 감정을 쏟고 노력한 적이 있었나요?

스스로 이해하려고는 하지 않고 누군가 먼저 자신을 이해해주길 바라지는 않았나요? 내가 나를 이해하는 건 아무런 의미가 없다고 생각하며 당신의 가치를 발견하는 일을 다른 사람에게 떠넘긴 건 아닌가요?

세상에는 이런 생각을 가진 사람이 꽤 많습니다. 이런 사람들의 가장 큰 문제는 가장 확실한 자기 편인 '나'를 의지하지 않는다는 것입니다. '아무도 이해해주지 않는다'라는 생각은 '내가 나를 이해해주지 않고 있구나'라는 생각을 드러내는 것이며 그것이 당신의 진짜 마음임을 알아두시기 바랍니다.

누구도 이해해주지 않는다고 느껴지면 "내가 이해해줄

게"라고 외치세요.

　세상이 무너져도 절대 변하지 않는 내 편은 결국 자기자신임을 알게 될 테니까요.

이런 감정의 늪에서는 어떻게 벗어날까?

・ **세상이 무너져도 변하지 않는 내 편은 나라는 사실을 안다.**

06

갑자기 찾아오는 바닥 모를 우울감의 늪

갑자기 찾아오는 바닥 모를 우울감을 경험하는 사람들은 쉽게 잠들기도 어려울뿐더러 잠들기 전 가슴이 답답한 증상이나 호흡 곤란을 겪기도 합니다.

이런 사람들은 다른 사람들보다 섬세하고 예민해 스트레스를 받기 쉽기 때문에 스스로 몸을 돌보는 게 중요합니다. 우울해질 때 뇌에서 분비되는 신경 전달 물질이 몸에도 영향을 미치니까요. 스트레스가 쌓이면 위장 상태가 나빠져 소화도 잘 안 됩니다. 몸과 마음에 부담이 가면 이런

저런 일들이 모두 귀찮게 느껴져 일은 물론 일상생활조차 어려워집니다.

평소라면 어렵지 않게 해내던 일에서 실수를 하거나, 늘 하던 일이 유난히 버겁게 느껴진다면 당신은 지금 우울을 경험하고 있는지도 모릅니다.

"이전에 했던 설명이 별로였나? 한 번 더 설명할게."

회사 선배의 다정한 한마디에도 어깨가 축 처집니다. 딱히 질책하는 말투도 아니었는데 말입니다.

'이번에도 제대로 못했어'라고 침울해하면서 "제가 하는 일이 다 그렇죠, 뭐"라고 도리어 자조 섞인 반응을 보이기도 합니다. '어차피 난 안 돼. 사람들한테 허구한 날 폐만 끼치고. 난 왜 이런 것도 제대로 하지 못할까' 하면서 자책하고요.

스스로 한심하다고 생각하는 동시에 분노와 죄책감도 느끼지만 겉으로는 필사적으로 평정심을 유지하려고 노력하는 사람도 있습니다.

마음이 우울한 상태에서는 편히 쉴 수 없다

괜스레 마음이 울적할 때 굳이 '지금 왜 울적한가?' 하고 이유를 찾을 필요는 없습니다. 이미 습관이 되어서 달리 이유가 없기 때문입니다. 일단은 스트레스로 긴장해 딱딱하게 굳은 몸을 풀어주는 것부터 시작합시다.

몸이 딱딱하게 굳어 있으면 호흡이 얕아집니다. 폐로 숨을 깊게 마셨다 내뱉는 습관을 들여보세요. 심호흡하는 방법은 간단합니다.

① 물 한 잔을 마신다.
② 볕이 잘 드는 창가에 앉아 눈을 감는다.
③ 3초간 숨을 들이마시고 7초간 내뱉는다.

아침에 일어날 때와 잠들기 전에 5세트씩 해봅시다. 평소보다 편안히 잠들 수 있을 것입니다. 중요한 것은 생각입니다. 자신을 돌보고 심호흡을 하면서 아래 생각을 따라 해봅시다.

'오늘 그 일은 참 하기 싫었어.

어쩜 이렇게 일이 안 풀릴까?'

(이유를 찾기보다 '이렇게 부정적인 생각을 하고 있구나' 하고
확인하는 시간입니다.)

↓

그렇지만 오늘도 나름대로 열심히 살았다고
스스로 위로하고 크게 심호흡합니다.

마음이 울적한 상태에서는 편히 쉴 수 없습니다. 아무리 긍정적인 생각을 해보려고 해도 감정은 계속 바닥을 치고 좋았던 일도 부정적인 면이 훨씬 크게 느껴집니다. 누구나 울적할 때가 있으니 그럴 때는 굳이 이유를 찾지 않는 편이 좋습니다.

✦
이런 감정의 늪에서는 어떻게 벗어날까?

• 울적해하는 이유는 그만 찾는다.

기분이 울적할 땐 이유를 찾지 말고 심호흡을 한다

툭하면 울적해하는 습관을 고치는 처방전

1. 스스로에게 위로의 말을 건네고 깊이 심호흡한다.

2. 부정적인 생각이 들면 '부정적인 생각을 하고 있구나' 하고 한 번 더 확인한다.

3. 오늘도 내 나름대로 애썼다고 스스로 다독인다.

07

하고 싶은 일 앞에서 주저하는 늪

하고 싶은 게 있는데 선뜻 손이 가지 않는다.

막상 시작은 했는데 진행이 지지부진하다.

아무런 변화도 없이 몇 년이나 지나버렸다.

주변 사람들이 자기 일을 즐기는 모습을 보며 질투가 나다가 이제는 나 자신까지 싫어졌다.

새로운 도전을 하고 싶은데 하지 못하는 것만큼 괴로운 일은 없습니다. 하고 싶은 일이 무엇인지는 명확하지만 이런저런 이유로 하지 못하고 있기 때문입니다. 대부분 주어진 상황 때문이라고 생각합니다. 하지만 자세히 들여다보면 의외로 자기 자신이 만들어낸 한계와 핑계 때문인 경우가 많습니다.

- 다른 사람의 시선이 신경 쓰인다.
- 실패가 두렵다.
- 무엇부터 해야 좋을지 몰라 생각만 하고 있다.
- 자신감이 없어 '내가 이 정도밖에 안 되는데 이 일을 해도 될까?'라고 생각한다.
- 이미 그 일을 잘하는 사람이 너무 많다.
- 주변 사람이 반대한다.

하고 싶은 일이 있는데 아직 하지 못하고 있다면 여전히 '인생에서 가장 중요한 것이 무엇인지' 확실히 모르는 상태입니다. 사실은 스스로 알려고 하지 않았기 때문이죠. 하고 싶은 일을 하기보다는 다른 사람의 시선이나 평가를 더 중요하게 생각하지는 않았나요?

내가 케이크를 먹어도 될까?

알기 쉬운 비유를 들어 살펴봅시다. 친구가 이런 말을 했다면 뭐라고 조언하겠습니까?

- 케이크가 너무 먹고 싶은데 케이크 가게까지 가는 길을 모르겠어.
- 가게까지 무사히 도착할 수 있을지 잘 모르겠어.
- 신호가 전부 파란불이 아니라서 가기 꺼려지네.
- 내가 케이크를 먹어도 될까?
- 먹고 싶은 케이크가 다 떨어졌으면 어떡하지?
- 주변에서 케이크를 먹으라고 말해주질 않으니 사러 가기가 꺼려지네.

앞에서 이야기한 이유와 연결되는 변명들입니다.

당신은 어떻게 반응하겠습니까? "일단 무작정 가보면 어떨까?", "가게에 전화해봐", "내비게이션에 가게 이름을 쳐보면?", "그게 무슨 상관이야?"라고 말해주겠죠?

생각해보면 케이크가 먹고 싶은 상황이나 무언가를 하고 싶은 상황이나 별반 다르지 않습니다. 모르는 게 있다고 가만히 있으면 정보가 들어오지 않습니다. 구체적으로 다른 사람에게 묻고, 조사하고, 자신의 마음을 바꾸는 등 '눈앞의 사소한 행동을 바꾸는 것'에서 시작됩니다.

미래는 알 수 없으니 어떤 일이 일어날지도 확실히 알 수 없습니다. 하지만 관점을 바꿔 생각해보면 '하고 싶은데 하지 못하는 일'이란 '하려고 시도하지 않은 일'이었다는 사실을 알게 됩니다.

하고 싶은 게 있는데 주저하는 늪에서는 이렇게 빠져나오세요. 당신에게는 그럴 만한 가치가 있습니다. 가능성을 멋대로 낮추지 말고 미래를 멋대로 단정하지 마세요.

하고 싶은 게 있어도 꾹 참을 것인가, 하고 싶은 걸 하며 인생을 즐기는 사람이 될 것인가는 전부 당신의 선택에 달렸습니다. 당신이라는 놀라운 가능성에 누군가의 허락 따위는 필요 없습니다.

여전히 다른 사람의 시선이나 평가에 신경쓰고 있다면 내 인생에서 가장 중요한 것은 내 생각이라고 스스로에게 말해주세요. 그리고 얼마든지 하고 싶은 대로 해도 된다고 응원해주세요. 실패해도 괜찮습니다. 그 과정에서 이전에는 알지 못했던 새로운 것을 알아갈 테니까요.

실패하든 성공하든 하고 싶은 일에 도전하려는 당신의 선택은 언제나 옳습니다.

이런 감정의 늪에서는 어떻게 벗어날까?

• **쉬운 일로 바꾸어 생각해보자.**

08

자신의 일을 스스로 결정하지 못하는 늪

부모님이 하라고 하니 결혼을 한다거나, 본인은 계속하고 싶지만 적성에 맞지 않는다는 말에 미련 없이 일을 그만두는 등 '누군가 시켰으니까 그렇게 할 수밖에 없어'라고 생각하는 늪에 빠진 사람들이 있습니다.

이런 생각은 어린 시절 자라온 환경과 관련이 있습니다. 부모님이나 선생님이 시키는 대로 하는 것이 곧 바른 행동이라고 배우고, 그 생각이 굳어져 어른이 된 후에도 변하지 않은 것입니다.

어렸을 때처럼 늘 누군가가 결정을 대신해주면 좋으련만 세상은 그렇게 호락호락하지 않습니다. 결국 자립심 없는 어른이 될 뿐이죠. 그 상태로 혼자 결단을 내리다 실패를 거듭하면 더욱 스스로 결정하기 두려워집니다. 그래서 어른이 되어서도 자꾸만 다른 사람에게 의지합니다.

문제는 나 대신 누군가 내린 결정에 따를 때 그 결정이 옳은지 그른지, 그 결정 때문에 실패하는지 하지 않는지에 아주 민감해진다는 사실입니다. 실패하면 다른 사람을 탓하기도 쉽죠.

나아가 일반적인 것이 가장 좋다는 생각에 갇혀 살기 때문에, 자신의 가능성에 대한 기대치가 낮아집니다. 혼자 결정할 수 있는 일이 없으니 미래가 불투명하고 불안할 수밖에 없습니다.

실패를 많이 해서 결정하기가 두렵다

이쯤에서 당신이 의존성이 어느 정도인지 테스트로 확

인해봅시다.

- ☐ 혼자서는 잘 결정하지 못한다.
- ☐ 쉬운 일도 다른 사람에게 의존하고 있다.
- ☐ 사람들에게 밉보이고 싶지 않아 참고 맞춰준다.
- ☐ 하고 싶은 일도 혼자 해야 하면 바로 포기한다.
- ☐ 혼자가 되면 부정적인 생각만 계속한다.
- ☐ 미래가 불안해 견딜 수 없다.

거의 전부에 해당하는 사람은 자립심을 기르는 연습을 시작해야 합니다. 본인은 아무것도 결정하지 못한다고 생각할지 모르지만 이미 '나는 아무것도 결정할 수 없어. 그러니 저 사람한테 부탁하자'라는 결정을 하고 있다는 사실을 아시나요?

그저 새로운 결단을 내리기가 두려운 것뿐이죠. 이 늪에서 빠져나오려면 평소와 다르게 결정하는 연습이 필요합니다.

예를 들어 점심은 늘 도시락을 먹었지만 오늘은 외식을

한다든지 그간 먹어보지 않았던 음식을 시도해보는 등의 사소하지만 새로운 결정을 연습해보세요.

새로운 시도를 통해 얻는 즐거움은 상상 이상으로 큽니다. 하지만 그런 경험이 없으면 새로운 결정으로 다양한 가능성이 열린다는 사실조차 알지 못합니다. 부디 낯선 경험을 통해 시야를 넓히길 바랍니다.

남이 주는 선택지는 그 사람의 취향에 맞춘 것입니다. 자신이 좋아하는 것을 고르고 결정하는 횟수를 늘려보세요. 분명 스스로 결정하는 즐거움을 깨닫게 될 것입니다. 그것부터가 시작입니다.

이 늪에 빠진 사람은 자신의 바깥에 정답이 있다고 굳게 믿습니다. 사실은 마음의 소리가 더 중요한데 말이죠. 먼저 단순하게 기분이 좋은지 그렇지 않은지에만 기준을 두고 선택하는 연습을 해봅시다.

내가 좋아하는 선택을 하면 다른 사람이 싫어할 것이라고 생각하는 사람도 있습니다. 하지만 내가 좋아하는 것,

내 마음이 편안해지는 것을 솔직하게 말해야 좋은 관계도 오래 유지할 수 있습니다. 언제나 상대의 선택에 따르며 내 마음을 존중하지 않으면 그 만남이 즐거울까요? 언젠가는 속에 쌓아두었던 서운한 감정이 표출되고 다툼이 잦아지다 머지않아 관계가 끊어지고 말 것입니다.

결정을 내리기 힘들 때는 어느 쪽이 마음이 편한가? 지금 기분은 어떤가? 두 가지 선택지를 두고 자신의 마음을 천천히 확인하는 연습을 해봅시다. 그러면 누구나 스스로 결정을 내릴 수 있을 것입니다.

✦

이런 감정의 늪에서는 어떻게 벗어날까?

• 먼저 기분이 좋은가, 싫은가 두 가지 선택지 안에서 결정한다.

09

남을 중심으로 생각하는 늪

'내가 먼저 한다고 하면 모두가 도와주겠지.'
'귀찮지만 이건 내가 맡아서 하자.'
'내가 해주면 다들 고마워할 거야.'

어떤 일을 할 때 남의 반응까지 상상하며 결정을 내리진 않나요? 그렇다면 자기도 모르는 사이에 '다른 사람 중심' 으로 생각하는 것일지도 모릅니다.

다른 사람 중심이란 남에게 자신이 어떤 존재인지를 중

심으로 생각하는 사고를 의미합니다. 이들은 사람들이 타인의 기대대로 행동하고, 남의 평가에 늘 신경 쓰며 자주 상처받습니다.

이런 사람들은 "친절하다", "좋은 사람이다"라는 평을 들을 가능성이 높습니다. 하지만 그럴 때 '내가 이렇게 참고 있는데 당연하지!', '내가 얼마나 애쓰고 있는지 알까?'라는 마음이 불쑥 올라오기 때문에 주의해야 합니다. 한계를 넘어서면 폭발해버리니까요.

자기도 모르는 새 폭발해 분노하다가 통하지 않으면 마음 문을 닫아버립니다. 더욱 위험한 것은 이런 행동을 되풀이하다 자기혐오에 빠지는 경우입니다. 주변에서는 당신이 평소에 그렇게 참고 있는 줄 몰랐는데 갑자기 폭발하니 깜짝 놀라 관계가 멀어지기도 하죠.

이제 참지 않고 내 의견을 말해야겠다고 생각해도 막상 그렇게 하려면 겁이 납니다. 내가 아닌 타인의 평가를 기준으로 생각하면 '남이 날 좋게 봐야 존재 가치가 있다'라는 그릇된 생각을 갖게 되기 때문입니다. 이 생각 때문에 상대에게 맞추느라 마음에 들지 않더라도 참는 일이 반복되죠. 때로는 자신을 먼저 생각하고 행동하면 남에게 폐가 된다고 생각하기도 합니다.

당신은 어떻게 하고 싶은가?
어떤 걸 좋아하는가?
정말로 하고 싶은 일이 무엇인가?

쉽사리 대답이 떠오르지 않는다면 지금껏 '어떻게 하면 상대방이 기뻐할까?'만 생각해왔다는 증거입니다. 어린 시절에 부모님과 선생님 등 윗사람에게 "말 잘 듣는 착한 아이"라는 말을 들었거나 하고 싶은 걸 참아내고 칭찬받았던 경험이 있는지도 모릅니다.

남의 기분을 먼저 생각하지 않는다

지금 하는 행동은 남이 기뻐할 만한 행동을 해야 한다고 생각해서 나온 결과임을 알아야 합니다.

이제는 스스로 결정해도 됩니다. 당장은 뭘 하고 싶은지 명확한 답이 나오지 않겠죠. 하지만 하기 귀찮은 것, 하기 싫은 것만큼은 확실히 알고 있을 것입니다.

처음에는 무심코 지금까지 해온 대로 다른 사람을 기준으로 생각하고 선택할지도 모릅니다. 그럴 때는 '남이 기뻐하는 선택만 해온 탓에 습관적으로 남의 마음을 먼저 생각했구나'라는 사실만 확인해둡시다.

그 후에는 자신이 좋아하는 것을 선택하는 상상해봅니다. 행동에 옮기는 것은 나중에 생각해도 괜찮습니다.

예를 들어 빨리 퇴근하려고 서두른 날, 상사가 다음날 아침까지 제출해야 하는 일을 부탁했다고 합시다. 지금까지라면 하겠다고 했겠죠. 하지만 이제부터는 "(오늘은 일찍 퇴근하려고 했으니까) 저녁에 일이 있어 내일 출근해서 하겠습니다"라고 말해보는 겁니다.

이렇게 결정한 후 생각해보면 애초에 너무 갑작스레 생

긴 일이라 타협의 여지가 충분했다는 것을 알게 됩니다.

　다른 사람을 중심으로 생각하는 늪에서 빠져나오면 상대가 어떻게 생각하느냐가 아니라 내 생각을 먼저 살피는 태도가 자연스럽게 몸에 뱁니다. 이것은 옳고 그름과는 상관없이 내가 무엇을 원하느냐를 먼저 따지는 태도이기도 합니다.

　어차피 남의 생각을 우리는 다 알 수도 없습니다. 그저 그것도 나의 추측일 뿐입니다. 불확실한 다른 사람의 생각을 의지하기보다는 확실한 내 마음의 소리에 더 귀를 기울여봅시다.

✦

이런 감정의 늪에서는 어떻게 벗어날까?

• 남이 기뻐할 만한 선택은 이제 그만하자.

제2장

하루가 의미 없이 흘러가요

돈과 시간 편

10

뭐라도 하지 않으면 불안해 견딜 수 없는 늪

뭔가를 한다 = 사람들에게 필요한 사람

아무것도 하지 않는다 = 쓸모없는 사람

이런 식으로 아무것도 하지 않으면 마음이 불안하거나 사람들에게 버림이라도 받을 것처럼 생각한 적이 있나요?

잘 모르겠다면 다음 장에 나오는 테스트를 해봅시다. 해당되는 항목에 체크해보세요.

□   일정이 꽉 차 있지 않으면 불안하다.

□   친구가 성과를 내고 인정받으면 초조하다.

□   도움이 되지 않는 사람은 한심하다고 생각한다.

□   언제 휴대폰이 울릴지 몰라 손에서 놓지 못한다.

□   집에서 느긋하게 쉬고 있으면 죄책감이 든다.

□   동료보다 먼저 퇴근하면 왠지 지는 것 같다.

□   지는 걸 싫어한다.

□   "너 정말 대단하다"라는 말을 듣고 싶다.

해당되는 항목이 있다면 겉으로는 바빠 죽겠다고 말하면서도 '뭔가 하지 않으면 안심이 안 돼', '아무것도 하지 않으니 쓸모없는 사람이 된 것 같아', '일이 없을 땐 뭘 해야 할지 모르겠어'라는 생각에 사로잡혀 살고 있는지도 모릅니다.

이는 뭔가를 하는 사람만이 쓸모 있는 사람이라고 생각하기 때문입니다. 이런 잘못된 생각은 다른 사람에게도 적용됩니다. 아무것도 하지 않는 사람, 일을 못하는 사람, 도움을 주기보다 받는 사람은 가치가 없다고 생각합니다.

다른 사람에게 인정받느냐 아니냐를 인생에서 가장 중요한 가치 기준으로 여기기 때문입니다.

인정받지 않으면 견딜 수 없다

무리해서 일을 하다 번아웃이 왔음에도 여전히 손에서 일을 놓지 못하고 있지는 않나요? 도대체 언제까지 이렇게 일해야 만족할 수 있을까요?

바로 사람들에게 인정받을 때까지입니다. 이는 끝나지 않는 마라톤 경주와 같습니다. 인정받고 싶은 마음에는 끝이 없기 때문입니다. 몸이 망가지고 나서야 비로소 무리했다는 걸 깨닫게 되죠.

지금 무리해서 일하고 있는데도 몸과 마음이 보내는 신호를 무시하고 '뭔가를 하는 나'에 푹 빠져 있다면 '다른 사람에게 인정받는 게 그리 중요한 일일까?' 하고 스스로 일깨워주기 바랍니다.

이것을 깨달으면 다른 사람에게 인정받으려고 애쓰는

에고덩어리(여기서 말하는 에고[EGO]란 정신분석학 등에서 말하는 이성적 자아가 아니라 자기가 가장 중요하고 대단한 존재라는 자기중심주의를 가리킨다 ─옮긴이)인 자신의 모습이 보일 것입니다.

자기중심주의로 가득한 에고덩어리는 '뭔가를 하지 않으면 가치가 없다', '인정받지 못하면 아무런 의미가 없다'라는 잘못된 생각이 만들어낸 모습일 뿐입니다. 진정한 나와는 다르죠.

살아가면서 할 수 있는 최소한의 일만 하고 있더라도 충분히 대단한 일입니다. 세수를 하고, 밥을 먹고, 청소기를 돌리고…. 이런 일이 시시하다고 생각하나요? 사소한 일처럼 느껴질지도 모르지만 그렇다고 '아무것도 하지 않는' 건 절대 아닙니다.

불안해질 때는 몸에 집중해봅시다.

이 늪에 빠진 사람은 너무 애쓰는 게 문제입니다. 몸에 과부하가 걸릴 정도로 무리하면 컨디션이 나빠지고, 컨디션이 나빠지면 자연히 불안해집니다. 이번 기회에 에고덩어리인 자신의 모습을 돌아보고 다른 사람의 말이 아니라 내 몸이 나에게 하는 이야기를 들으며 생활 습관도 고쳐봅시다.

이런 감정의 늪에서는 어떻게 벗어날까? ✦

- 마음이 불안해지면 몸이 지쳤다는 증거! 지친 몸이 하는 소리를 잘 들어보자.

11

돈을 탕진하고 자책하는 늪

우리가 손쉽게 할 수 있는 스트레스 해소법 중 하나가 맛집 찾아가기, 쇼핑하기 등 돈을 쓰는 것입니다.

마치 술을 마시며 가슴에 쌓인 울분을 푸는 것처럼 돈을 쓰는 것도 자기 안에서 마음을 치유하는 행위가 됩니다.

돈을 쓰면 왜 마음이 후련해질까요?

'나는 이걸 살 만큼 경제적 능력이 있어. 그 정도로 가치 있는 사람이야'라는 기분이 들기 때문입니다.

이런 한순간의 쾌락이 당신을 완전히 늪으로 빠져들게
합니다.

감정을 낭비하고 있다는 걸 깨닫는다

알다시피 돈을 펑펑 쓴다고 해서 오랜 바람이 이루어진
다거나 스트레스의 근본 원인이 해결되는 것은 아닙니다.
단지 어느 정도 스트레스를 풀 수 있을 뿐이죠. 이 사실을
모르는 사람은 없을 겁니다.

더구나 상품에 가치가 있는지 없는지, 자신에게 필요한
지 아닌지를 생각하고 싶어도 스트레스가 쌓여 있을 때는
이성적으로 생각할 수가 없습니다.

여기서 주의할 점이 하나 더 있습니다. 기껏 돈을 펑펑
써놓고도 '또 돈을 탕진하고 말았다…'라며 죄책감에 시
달릴 수도 있다는 것입니다. 바로 이 생각 때문에 돈을 쓰
고도 스트레스는 안 풀리고 다시 부정적인 감정에 빠지는

악순환이 일어납니다. 하나도 좋을 게 없는 감정 낭비죠.

속으로 정리하지 못한 일이 남았거나, 참고 있는 일이 있을 때는 마음의 치유가 필요합니다. 그래서 돈을 쓰며 스트레스를 해소하려는 것입니다. 문제는 즉각 해결되지 않지만 기분은 곧바로 좋아지기 때문입니다.

이때 죄책감이 아니라 '후련함을 느끼는 자세'를 가져 봅시다. 돈을 써서 스트레스가 사라졌다면 그 돈은 잘 쓴 것입니다. 돈을 펑펑 쓰면서 죄책감이 느껴지면 절대 다음 단계로 넘어갈 수 없습니다. 그러니 감정까지 낭비하지 말고 있는 그대로 받아주세요.

똑같은 돈을 써도 내가 그 일을 어떻게 받아들이느냐가 중요합니다. '돈을 펑펑 써서 탕진하다니 나처럼 한심한 인간이 있을까…'라고 생각하지 마세요. 사실 이런 생각의 이면에는 '죄책감을 느끼고 싶은' 마음이 숨어 있습니다. 쓸데없는 물건에 자꾸만 돈을 쓰면서 부정적인 감정에 머물러 있으려는 거죠. 우선 이 고리에서 벗어나는 게 중요합니다. 스트레스를 받아 돈을 쓴 자신을 그대로 인정해주세요.

　돈을 써서 스트레스 가득한 상황에서 빠져나왔다면 그 다음부터는 본인에게 정말로 중요한 것, 가치 있고 필요한 것에 집중할 수 있습니다. 그때부터는 쓸데없는 물건이 아니라 정말 필요한 곳에 돈을 쓰며 하루를 보낼 수 있죠. 함께 맛집을 가고, 쇼핑하는 등 주변 사람들과도 즐거움을 나눌 수 있습니다. 그 단계까지 나아가기 위해 일단은 돈을 펑펑 쓰고 울적해하거나 스트레스 받는 습관부터 털어냅시다.

✦

이런 감정의 늪에서는 어떻게 벗어날까?
〰〰〰〰〰〰〰〰〰〰〰〰〰〰〰〰〰〰〰〰〰〰〰

- **스트레스를 푸는 비용이라고 생각하면 죄책감이 없어지고 마음이 정리된다.**

12

절대 손해 보지 않으려는 마음의 늪

앉으나 서나 늘 돈만 생각하는 사람이 있습니다. 친구들과 밥을 먹으러 가도, 카페를 가도 돈이 아까워 자리를 즐기지 못하거나 어떻게든 손해 보지 않으려 머릿속으로 계속 계산을 하죠.

이들은 돈이 주는 허세, 불안과 공포, 죄책감에 빠져 있습니다. 이런 감정에 사로잡히면 세상만사를 이익과 손해로 나누어 생각하게 됩니다. 만약 내가 이런 사람인지 아닌지 잘 모르겠다면 다음 테스트를 해봅시다.

다음 중 해당되는 항목에 체크해보세요.

- ☐ 좋아하는 일은 아니지만 돈 때문에 참고 일한다.
- ☐ 배우자와 함께 사는 이유는 솔직히 돈(생활비) 때문이다.
- ☐ 돈이 줄어드는 게 싫어 갖고 싶은 물건이 있어도 일단 참는다.
- ☐ 세일을 하면 그냥 지나치지 못한다.
- ☐ 가격이 비싸면 좋은 물건이라고 생각한다.
- ☐ 부자에게 잘 보이려고 한다.

체크한 항목이 2개 이상이면 이미 계산의 늪에 빠져 있는지도 모릅니다.

이들은 머릿속으로 늘 손해득실을 따집니다. '이쪽이 비싸 보일까? 덤을 준다고 하니 이쪽이 더 나을까? 양은 이쪽이 더 많은 것 같은데….'

눈에 보이는 것에만 주목하고 보이지 않는 '질'이나 신뢰할 수 있는 '정보'에는 관심도 없습니다. 그저 손해를 보지 않으려는 생각에 마음이 늘 불안하고 초조합니다.

손해 보지 않는 인생을 살려 했지만...

물론 인생에서 돈은 아주 중요합니다. 손해를 보고 싶은 사람은 아무도 없죠. 하지만 본질을 꿰뚫어보는 눈을 가지는 것이 훨씬 이롭습니다.

'내가 많이 냈어.'
'늘 내가 해주기만 하잖아.'

무슨 일이든 일단 본전을 뽑았는지에만 관심을 두면 마음이 소란스러울 수밖에 없습니다. 즐거운 자리도 서운하고 억울한 자리가 될 가능성도 높습니다. 돈이 아까워 점점 사람들과의 만남을 피하게 되기도 하죠.

이렇게 손해 보는 걸 두려워하면 돈이 줄어드는 게 걱정이 되어 견딜 수가 없습니다.

　무엇보다 손해를 입는다는 두려움 때문에 인간관계도 순탄하지가 않습니다. 사람을 좀처럼 믿지 못해 인물됨을 주의 깊게 보지 못하고 '선물을 줬으니 좋은 사람이네' 같은 단순한 기준으로 사람을 보게 됩니다.
　손해 보지 않는 인생을 살려 했지만 오히려 서운함과 억울함 등 부정적인 감정만 가득 쌓이고 인간관계와 사회 생활마저 어려워진다면 그것이 진정한 손해입니다.

　이 늪에서 빠져나오려면 먼저 마음의 여유를 가지는 게 좋습니다.
　잠들기 전 침대에 누워 일상을 반추하는 것은 인생에서 중요한 역할을 합니다. 자기 전 했던 생각이 자는 동안 머릿속에서 반복 재생되기 때문입니다.

　자기 전 침대에 누워 어떤 생각을 하나요?
　'오늘은 팀장님이 밥을 사주셔서 이득을 봤다', '곧 있으면 친구 생일이나 또 지출이 있겠네'라고 돈 생각만 하진 않겠죠?

자기 전 여유로운 일상을 상상해보세요. 예를 들어 여유롭게 집안일을 하거나 업무를 보고, 자신을 채우며, 상대가 좋아할 만한 물건을 사는 등 당신이 바라는 모습을 떠올리면 됩니다. 그런 기분이 좋은 모습을 상상하면 불안하고 초조했던 마음이 누그러집니다. 손해 보고 있는 삶이 아니라 이미 많은 것을 누리고 있다는 생각과 함께 감사함이 밀려올 것입니다.

이런 감정의 늪에서는 어떻게 벗어날까?

• **잠자리에 들 때는 여유로운 일상을 상상하며 잠을 청한다.**

13

부자가 되고 싶다는 마음을 부정하는 늪

부자에 대해 좋지 않은 인상을 갖고 있지는 않나요? 부자는 뒤에서 나쁜 짓을 하거나 불법적인 사업으로 돈을 벌어들이고, 마음씨 좋은 사장님은 친절하지만 늘 돈이 없어 고생한다는 식으로 말입니다.

미디어의 영향으로 우리 안에 부자에 대한 부정적인 인식이 생겼지만 사실 착실히 돈을 벌어 사회에 공헌하는 부자도 많습니다. 이런 사람들을 알아보기 어려운 건 제 입으로 자랑하거나 겉으로 화려하게 꾸미고 다니며 과시하지 않기 때문입니다.

부자를 부정적인 시선으로 바라보면 "돈을 더 벌고 싶다" 또는 "부자가 되고 싶다"라고 말하면서도 왠지 죄책감을 느낍니다. 분명 불법적인 일을 했을 거라며 나쁘게 여겼던 부자의 모습에 가까워지기 때문입니다.

누구나 싫어하는 사람을 닮고 싶지 않겠죠. 많은 사람이 나쁜 인상을 가진 부자보다 좋은 인상을 가진 돈 없는 사람에게 마음이 기우는 딜레마를 안고 있습니다.

마음이 편해 보이는 부자 = 나쁜 사람

돈이 없어 쩔쩔매는 경영자 = 좋은 사람

눈에 띄는 화려한 부자 = 나쁜 사람

검소하게 생활하는 일반인 = 좋은 사람

부자에 대한 편견은 대체로 위와 같이 나타납니다. 마찬가지로 돈을 바라면 좋지 않은 사람이란 인식도 편견입니다. 화려하게 생활하는지 검소하게 생활하는지는 부자인지 아닌지와 전혀 관계가 없습니다.

일하지 않으면 돈을 벌 수 없다는
생각 자체를 의심한다

부지런히 일하지 않으면 부자가 될 수 없다는 생각도 가난한 마인드가 쉽게 빠지는 늪 중 하나입니다. 이 늪에 빠지면 부자가 되려면 쉴 새 없이 일해야 한다는 부담감을 느끼게 됩니다. 그러니 자신을 합리화하며 '쉴 새 없이 일하는 건 힘들어' → '지금도 생활에는 문제가 없으니 이 정도면 괜찮지 않을까'와 같은 사고회로에 갇혀 부자가 되기는커녕 현상유지에 그치게 됩니다.

이제 생각을 바꾸어봅시다. 많은 일을 해내거나 종일 무리해서 일하지 않아도 행복하게 돈을 버는 방법은 얼마든지 있습니다. 문제는 우리 뇌가 그 방법을 찾으려 하지 않았던 것입니다. 긍정적으로 생각하지 않으면 뇌도 새로운 방법을 찾아내기를 거부합니다. 그러니 '이렇게도 할 수 있겠지?'라며 뇌에 긍정적인 정보를 많이 보냅시다.

예를 들어 '일주일에 3시간씩 내가 잘하는 걸(요리나 영어회화, 엑셀 지식 등) 가까운 사람에게 가르쳐주었는데 아주 좋아했다. 다음에는 이런 걸 가르쳐주자.'

'지금은 일이 바빠서 아침부터 저녁까지 회사에 있다. 더 효율적으로 일하는 방식은 없을까? 우선 일찍 일어나는 것부터 해보자.'

뇌에 이런 긍정적인 정보를 많이 보내면 뇌가 스스로 더 효율적인 방법을 찾아냅니다. 그러면 굳이 일을 많이 하지 않아도 돈을 버는 방법을 찾아 실천할 수 있습니다. 좀 더 나은 생활을 하고 싶은데 이렇게 살아볼까, 저렇게 살아볼까 상상하는 사이에 행동까지 달라지는 것입니다.

✦

이런 감정의 늪에서는 어떻게 벗어날까?

• 부자가 되고 싶다거나 돈을 많이 벌고 싶다는 마음을 부정하지 않는다.

14

돈에 관해 지나치게 걱정하는 늪

돈에 관한 걱정이 많은 사람들에게 이유를 물어보면 미래가 불안하다는 대답을 유독 많이 합니다.

미래가 어떻게 될지는 아무도 모르니 불안한 마음이 드는 것은 자연스러운 일입니다. 돈 없으면 뭘 사먹을 수도 없으니 돈이 생명과 직결되어 있다고 느낀다면 더욱 그렇지요. 나이가 들어 끼니를 걱정하는 것은 말도 못하게 두려운 일입니다.

돈이나 미래에 대해 지나치게 걱정하는 늪의 이면에는

사실 다른 걱정거리가 있기도 합니다. 언제까지 일할 수 있을까, 앞으로 일자리를 구할 수 있을까 걱정한다면 사실 나의 건강과 능력에 대한 두려움이 있는 거지요. 그러니 돈과는 별개의 해결책이 필요합니다.

모르니까 불안하다

돈을 쓸수록 잔고가 줄어들어 기분이 좋지 않을 때가 있습니다. 돈이 사라지는 게 눈에 보이니 앞으로는 어떻게 될까 걱정이 되어 불안이 커지는 경우입니다. 돈을 써서 얻은 효익에 집중하기보다는 돈이 사라졌다는 사실에만 집중합니다.

이런 사람들은 평소에 부정적인 생각을 바탕으로 정보를 모으고 편집하기 때문에 늘 불안에 시달립니다. 지금 내가 느끼고 있는 부정적인 생각들을 정리하고 돈에 대한 불안을 줄여보면 어떨까요?

어쩌면 이렇게 불안해하면서도 돈에 관해 아무것도 배

우려고 하지 않을지도 모릅니다. 평소 돈에 관해 얼마나 공부하고 있나요? 마냥 돈을 쓰지 않는 수동적인 자세를 버리고 능동적으로 돈을 다루어야 불안을 해소할 수 있습니다. 부자를 부러워하는 것이 아니라 그들이 어떻게 행동해 부자가 되었는지를 공부해보면 많은 힌트를 얻을 수 있습니다.

공부를 하다 보면 지금 내가 할 수 있는 일이 무엇인지도 보일 것입니다. 연령대별로 필요한 돈을 계산하고 벌어보는 것도 한 방법입니다. 30대는 육아와 일, 40대는 취미와 건강관리 등 하고 싶은 것을 떠올려보고 실제 비용을 어림잡아 계산하면 대략 수치가 나옵니다. 그렇게 목표를 정하고 돈을 모으다 보면 관련 경험까지 쌓여 생각지도 못한 미래가 열릴 수도 있습니다.

불안하다고 아무것도 하지 않으면 점점 더 불안해집니다. 계획을 어느 정도 세웠다면 돈 문제가 생겼을 때 이성적이고 합리적인 판단을 내리기 위해 무엇이 더 필요한지

곰곰이 생각해봅시다.

'더 즐겁게 살기 위해서는 어떻게 해야 할까?'
'불안하지 않고 평온해지려면 무엇을 해야 할까?'

이런 질문으로 자신의 하루를 돌아보고 고쳐나가면 더 이상 불안에 시달리지 않을 수 있습니다.

✦

이런 감정의 늪에서는 어떻게 벗어날까?

• 마음이 불안해지면 돈 걱정을 하게 된다는 것을 명심하라.

15

SNS를 보고 우울해하는 늪

언젠가부터 우리 생활에 SNS가 막강한 영향력을 끼치게 되었습니다. SNS는 무엇을 위해 존재할까요? 극단적으로 말하면 '다른 사람에게 보여주기 위해서'입니다.

다른 사람에게 어떻게 보일지를 늘 신경 쓰니 글이나 사진에 달린 댓글이 좋은지 나쁜지에 온 신경이 쏠립니다. 평에 따라 기분이 울적해지는 것도 당연하죠.

가까운 사람에게 차단당하거나 팔로우가 끊기는 경우, '좋아요' 수가 적은 경우에 낙담하는 이유도 자신의 가치를 게시글에 달린 사람들의 반응과 연결해 생각하기 때문입니다. 마치 "넌 가치 없는 사람이야"라고 단죄당하기라도 한 것처럼 말이죠.

SNS로는 자존감을 채울 수 없다

관점을 바꿔 자신이 '좋아요'를 누를 때, 누르지 않을 때, 팔로우를 할 때, 팔로우를 취소할 때 어떤 생각을 하는지 확인해봅시다.

다른 사람이 올린 글이 정말로 좋아서 '좋아요'를 눌렀나요? 단지 그 글을 봤다는 사실을 알리고 싶어 누르는 게 아니고요?

반대로 '좋아요'를 누르지 않을 때나 차단했을 때는 왜 그렇게 했나요? 깊이 생각하고 신중하게 결정한 경우는 흔치 않습니다.

SNS에 올린 글이나 사진이 별로라고 느끼는 것과 그 글을 올린 사람이 얼마나 가치 있는지는 별개의 문제입니다.

애초에 그 사람이 가치가 있는지 없는지는 남이 멋대로 결정할 수 있는 차원의 문제가 아닙니다.

여기서 또 하나, 내가 SNS를 이용하는 이유를 짚고 넘어가야 합니다. 다른 사람의 반응을 통해 자존감을 채우려 SNS를 활용하고 있다면 주의해야 합니다.

'좋아요를 누르면 나를 인정해주겠지', '댓글을 달면 나와 친하다고 생각해주겠지'와 같은 생각을 하고 있지는 않나요?

SNS를 통해 누군가와 연결되어 있다는 안도감과 자신이 그들과 비슷한 수준이라는 기분을 맛볼 수 있죠. 그래서 '좋아요'를 받지 못하거나 팔로우가 취소되면 몹시 충격을 받기도 하고요.

하지만 사람들의 반응이 존재 가치를 증명하는 것은 아닙니다. 그것은 당신의 생각일 뿐이라는 사실을 꼭 기억하세요.

SNS에서 보여지는 내 모습은 일부분에 불과합니다. 보여지는 내가 아닌 진짜 나, 진짜 나의 삶은 그보다 훨씬 다양하고 입체적이죠. SNS를 '인생에서 아주 작은 부분'이라고 생각하면 팔로우 수나 댓글 수에 일희일비하지 않게 됩니다. 사람들의 평가에 연연하기보다 진짜 내가 누구인지, 진짜 내 삶은 무엇인지 깊이 고민해보는 건 어떨까요?

✦

이런 감정의 늪에서는 어떻게 벗어날까?

• SNS는 그저 수단에 불과하다. '좋아요' 클릭 여부에 큰 의미를 부여할 필요는 없다.

제3장

사람을 대하는 게 어려워요

인간관계 편

16

사람들의 시선을 지나치게 의식하는 늪

무엇을 해도 사람들의 시선이 신경 쓰여 진짜 해야 할 일에 집중을 못하고 있다면 몸이 긴장한 상태라고 할 수 있습니다.

친구에게 고민을 털어놓으면 "생각이 지나쳐", "신경 쓰지 않으면 돼"라곤 하는데 머릿속에서는 내내 그 생각이 떠나지 않습니다.

왜 그렇게까지 사람들의 시선을 신경 쓸까요?

부정적인 정보가 머릿속에 가득하기 때문입니다. 뇌가 부정적인 생각으로 가득한 상태에서는 '신경 쓰지 않고' 살기가 불가능합니다.

더욱이 남의 시선을 계속 신경 쓰면서 살다 보면 머지않아 그 시선이 '내면화'됩니다. '사람들이 이렇게 생각해'라는 왜곡된 생각이 마치 내 생각인 양 내면에서 기정사실화되는 것입니다.

누군가가 자신을 싫어한다고 생각하면 그 사람이 남 이야기를 할 때도 꼭 내 험담처럼 들리지 않던가요? 마찬가지로 실제로 당신을 주목하지 않는데도 자신을 지켜본다는 착각이 들어 스스로 감시하는 상태가 되기도 합니다.

실은 별 생각 없다

당신이 지금 느끼는 감정에는 근거가 없다는 걸 기억합시다. 무슨 생각이든 각자가 자유롭게 할 수 있습니다. 다만 그 생각에 흔들리고 동요하는 건 좋지 않겠죠.

상대가 어떤 생각을 하는지 정확히 알 방법은 없습니다. 상대에게 직접 확인해보는 수밖에요.

'그 사람 분명 내 험담을 했을 거야', '내가 없는 자리에서는 모두 나에 대해 안 좋게 말하겠지'라는 생각이 들더라도 그것을 곧이곧대로 받아들여서는 안 됩니다. 정작 확인해보면 겨우 서너 명에 불과한 경우도 적지 않습니다. 또 막상 "제가 실수한 게 있나요?"라고 물어보면 바로 오해가 풀리기도 합니다.

문제는 그렇게 직접 묻기 힘든 경우가 많다는 거죠. 왜 상대방의 생각을 그렇게 신경 쓰면서도 직접 확인하지는 못하는 걸까요?

직접 부딪칠 용기가 없기 때문입니다. 그렇다면 차라리 관점을 바꿔 '신경을 쓸지 말지는 내가 정하는 것'이라고 생각해보세요. 그것이 혼자 머리 싸매고 고민하는 것보다 훨씬 낫습니다. 상대방 문제가 아니라 신경 쓰고 있는 자신의 문제라고 인정해야 비로소 '나는 어떻게 하고 싶은가?'로 생각이 전환됩니다.

'사람들이 나를 어떻게 볼지 신경 쓰여서 가만히 있었는데 결국 내 문제였나?'

'내가 관심을 끄면 아무 일도 아니니 이제 그만 신경 끄고 지금은 이 일에 집중하자.'

상대가 뭘 생각하든 현재로선 자신이 할 수 있는 게 없다는 걸 알면 자신이 할 수 있는 일을 찾게 됩니다. 그게 무엇일까요? 바로 내 생각을 바꾸는 일입니다. 이것이 늪에서 빠져나올 수 있는 실마리입니다.

'사람들이 나를 어떻게 생각할까?'에 신경 쓰던 에너지는 이제 당신의 강점이 됩니다. 이 에너지를 다른 사람에게도 쓸 수 있다면 말이죠. 사실 다른 사람의 반응을 계속 살피고 상상하는 데는 엄청난 에너지가 소비됩니다. 이 에너지가 계속 '내가 어떻게 보일까'로 내면화되니 마음이 쉽게 긴장되는 것입니다.

이들은 주변인의 표정을 살피거나 쉽게 분위기를 파악할 수 있기에 다른 사람들이 놓친 상대의 기분도 바로 알아차리고 보듬어줄 수 있습니다.

이제 이 에너지를 좋은 방향으로 활용해봅시다. 내가 어떻게 보일지보다는 상대에 대한 순수한 호감과 호기심을 가지고 이 힘을 상대에게 쏟아붓는다면 틀림없이 관계에서도 놀라운 변화를 경험할 것입니다.

✦

이런 감정의 늪에서는 어떻게 벗어날까?

- 근거 없는 억측을 하지 말고 상대에게 직접 묻고 확인한다.

17

부탁을 거절하지 못하는 늪

먼저 테스트를 해봅시다. 다음 중에서 해당하는 항목에 체크해보세요.

☐ 부탁을 받으면 반드시 도와줘야 한다고 느낀다.

☐ 상대가 약속시간에 늦어도 느긋하게 기다려준다.

☐ 주변사람들이 바쁘게 일하는데 혼자 여유로우면 죄책감이 든다.

☐ 쇼핑할 때 직원의 권유를 받으면 차마 거절하지 못

하고 사버린다.

□ 거절을 잘하지 못한다.

□ 메일이 왔을 때 바로 답장하지 않으면 마음이 편치 않다.

해당하는 항목이 있다면, 당신은 나보다 남을 먼저 생각하는 사람일지 모릅니다. 다른 사람을 먼저 살피는 것 자체는 당연히 나쁜 일은 아니지요. 하지만 그렇게 하고 싶지 않은데도 늘 상대만을 먼저 생각하게 된다면 남을 위해 사는 인생은 아닌지 돌아볼 필요가 있습니다.

이런 사람들은 자기 멋대로 굴면 상대를 존중하지 않는 것이라고 생각합니다. 하지만 늘 참는 건 나고 제멋대로 구는 건 상대방 아닌가요? 상대가 어떤 행동을 하면 당연하게 받아들이지만 내 의견은 무시하지 않나요? 상대를 배려하고 참는 것이 습관이 된 바람에 모든 것을 상대 의견에 맞추고 이 정도 인내는 당연하다고 여기게 되었는지도 모릅니다.

자신을 귀하고 소중히 여기는 사람을
싫어하는 사람은 없다

이런 사람들은 자신의 마음을 먼저 생각하면 사람들이 싫어한다고 생각합니다. 그래서 안테나를 사방에 펼치고 눈치껏 좋은 사람인 양 행동하며 부탁받지 않은 일까지 도맡아 합니다.

이들에게는 사람들에게 밉보이지 않는 게 주된 관심사입니다. 그러니 다른 사람을 먼저 생각하는 것 같아도 실은 '미움받고 싶지 않다'라는 마음이 더 큰 것이죠. '그렇게 하지 않으면 안 돼'라는 의무감에 사로잡혀 애쓰다가 '사람들이랑 있으면 금세 지쳐서 혼자 있는 게 편해'라고 생각합니다. 사실은 사람들과 만나는 걸 좋아하는데도 만나서 소모되는 에너지가 너무 크기 때문이죠.

이런 상황을 개선하려면 잘못된 생각을 바꾸는 수밖에 없습니다.

자신을 소중히 여기는 것과 자기 중심적인 것을 구분할

필요가 있습니다. 자신을 소중히 여기는 것은 자기 마음을 제대로 알고 돌보는 것입니다. 하지만 제멋대로에 자기중심적인 사람은 자기가 하고 싶은 대로만 행동하며, 남에게도 자기 생각을 강요하죠.

그런데 무의식중에 자신을 소중히 여기는 것은 자기 중심적인 행동이라고 정의하니까 남의 생각을 먼저 살피게 되는 겁니다.

예를 들어볼까요? 몹시 바쁘거나 피곤할 때 받은 부탁을 거절하는 건 제멋대로 구는 게 아닙니다. 오히려 상대방의 형편을 살피지 않고 "이것 좀 해"라고 강요하는 것이 제멋대로 구는 것입니다.

자신을 소중히 여기는 사람은 다르게 반응합니다. 주변 사람들에게 인기가 있고 인간관계가 오래 지속되는 사람을 보면 자신뿐만 아니라 상대방도 존중하고 소중히 여기는 공통점이 있지 않나요?

자기감정을 도외시한 채 상대방의 마음만 먼저 살피면

무서운 일이 벌어집니다. 무의식중에 '저 사람이 나보다 더 가치 있어'라는 생각이 각인되고 점점 강해지기 때문입니다. 그러면 상대방을 위해 해야 할 일이 점점 늘어나고 머지않아 자신의 존재 자체를 부정하는 악순환에 빠질지도 모릅니다. 자신을 존중해야 상대방도 존중할 수 있다는 점을 명심합시다.

✦

이런 감정의 늪에서는 어떻게 벗어날까?

- '제멋대로 구는 것'에 대한 정의를 다시 내려보고 나와 다른 사람에게 똑같이 잘해주자.

18

사람들에게 잘 휘둘리는 늪

자기주장이 강하고, 자기 의견만 밀어붙여서 같이 있으면 숨이 막히는 사람이 있나요? 그 사람만 생각하면 화가 치밀어 오르지만 꾹 참고 함께 어울리고 있지는 않나요? 그쪽에서 부탁해오면 왠지 거절을 못하게 되나요?

이런 사람과 함께 있으면 마음 한구석이 언짢습니다. 멋대로 구는데도 군말 없이 받아준다면 그 사람은 자기 잘못을 끝까지 모를 가능성도 있습니다.

참다 참다 한마디하면 그제서야 "싫어할 줄 몰랐어. 미리 말을 하지 그랬니?"라고 말하는 사람이 허다합니다. 상대가 제멋대로 구는 것만이 문제가 아니라 당신이 지금까지 단호한 태도를 취하지 않은 것도 문제입니다.

우리는 저마다 자라온 환경이 다릅니다. 제멋대로 굴어도 오냐오냐하는 가정 환경에서 자란 사람은 그게 당연하다고 생각합니다.

제멋대로 구는 사람은 기본적으로 상대의 기분을 헤아릴 줄 모릅니다. 그중에는 지나친 나르시시스트이거나 완고하고 독점욕이 강한 사람도 있어 주변에서 꺼리거나 불쾌해하는 경우도 많습니다.

적당히 관계 맺는 것도 중요하다

사람들에게 휘둘리기 싫다면 오늘부터 새롭게 관계 맺는 방법을 배워봅시다. 일단은 이유를 대고 부탁을 거절하는 것부터 시작합니다.

"○○라서 이제 못하겠다."

"○○가 힘들어서 잠시만 쉬려고."

말투는 부드럽되 어조는 단호하게 전달합시다.

이때 "그럼 다음에" 하고 하며 다른 기회가 있을 것처럼 말하지 않는 것이 중요합니다. 부탁을 거절하는 것 때문에 상대가 불쾌함을 느꼈다면 알아서 거리를 둘 테니 거기까지 신경쓰지 않아도 괜찮습니다.

사실 제멋대로 구는 사람 중에는 외로움을 타는 사람도 많습니다. 멋대로 구는데도 잘 받아주다 보면 '이 사람은 나를 사랑하는구나'라고 생각합니다. 그러면 자신이 어떻게 해도 상대는 변하지 않을 거라는 생각에 함부로 말하고 행동하기도 합니다. 유독 가까운 사람들에게 더 함부로 대하는 것도 이 때문이죠.

'어쩜 이렇게 무례할까'라는 생각 대신 '사랑을 갈구하는 외로운 사람이구나'라고 이해하면 그 사람을 바라보던 부정적 시선도 조금은 달라질지 모릅니다.

거리를 두고 적당히 어울리고 싶다면 화를 내지 말고 그들이 하는 말이나 행동을 대충 듣고 넘기세요. 꼭 그 사람의 말대로 행동하거나 무례한 언행까지 받아주지 않아도 괜찮습니다. 귀찮은 일이 생기지 않도록 적당히 듣고 넘기면서 공감해줍시다. 그러면 분란 없이 대화를 계속할 수 있고 관계도 잘 유지될 것입니다.

멋대로 구는 걸 고치든 말든 그것은 상대가 결정할 일입니다. '제멋대로 구는 사람 너무 싫어'라고 상대에게 벽을 세울 게 아니라, 먼저 그런 사람에게 휘둘려 마음 한구석이 언짢다는 사실을 인정합니다. 일일이 반응하다 보면 끝이 없습니다. 그보다 자기 마음을 인정하고 앞으로 어떻게 관계를 맺을지 스스로 결정하면 됩니다.

이런 감정의 늪에서는 어떻게 벗어날까?

• **이유를 대고 거절하는 것부터 시작해보자.**

19

속마음을 드러내지 못하는 늪

누구와도 쉽게 친해지고 잘 어울리는 사람들이 있습니다. 이런 사람 중 얼핏 보기에는 밝고 명랑해 보이지만 속으로는 사람들에게 잘 보이고 싶어 무진장 애를 쓰는 경우도 있습니다. 사람들의 눈 밖에 날까 봐 두려워 붙임성 있는 사람인 양 연기하는 것입니다.

이들은 과거에 인간관계로 큰 상처를 입었거나 트라우마를 준 사건을 여전히 잊지 못하고 괴로워할지도 모릅니다. 사람들이 화제로 올리는 가십에도 매우 민감합니다.

사람들이 자신을 어떻게 생각하는지가 몹시 중요하기 때문입니다.

나아가 속마음을 드러내면 안 된다고 생각합니다. 그래서 주변 사람에게는 '늘 잘 어울려 다니지만 자기 의견이 없는 사람'으로 보일지도 모릅니다.

이 늪에 빠진 사람들의 고통은 진정한 내가 누구인지 잘 모르는 데서 비롯됩니다. 사람들과 잘 어울리는 것처럼 보이지만 사실은 아주 작은 파도에도 이리저리 흔들리는 작은 배와 같죠. 자신을 잘 모르는 상태에서 다른 사람에게만 맞추어 살다 보니 내면이 단단하지 못하고 늘 애쓰는 상태로 사는 것입니다.

다른 사람을 믿지 못해 약한 모습을 드러내지 못하거나 솔직해지고 싶지만 다른 사람이 자신을 싫어할까 봐 속마음을 말하지 못합니다. 힘든데도 도와달라는 말이 나오지 않을 수도 있습니다. 이런 상태에서는 늘 마음이 불안할 수밖에 없습니다. 그러면 빈말이 늘고 약속도 지키지 못해 신뢰도 잃게 됩니다.

마음에도 없는 말을 하면
상대의 진의를 의심하게 된다

마음에 없는 말은 그만하는 것부터 시작하면 어떨까요? 그리고 자신이 느끼는 대로 담담히 이야기해봅시다.

속마음을 말해야 상대방이 당신의 마음을 알 수 있습니다. 속마음을 말해야 사람들의 신뢰를 얻을 수 있습니다. 자신이 마음에도 없는 말을 하면 상대가 하는 말도 믿지 못합니다.

하지만 자칫하면 지금까지 그래왔듯 마음에도 없는 과장된 표현을 할 수 있으니 주의해야 합니다.

뭔가 좋은 소식이 있어도 "우와, 너무너무 기뻐요!"라고 흥분해서 말하지 말고 "좋은 일이 생겨 기쁘네요"라고 톤을 낮춰 차분하게 말하는 것입니다. 겉으로 하는 표현과 속마음의 간극을 줄여가기 위해 둘 사이를 의식적으로 조절하는 것이 중요합니다.

이 늪에 빠진 사람들에게 진정 필요한 것은 신뢰할 수 있는 관계를 맺어 당신을 진심으로 이해하고 받아주는 사람을 얻는 것입니다. 마음에도 없는 말을 계속하면 잘 쌓아가던 인간관계도 한순간에 망칠 수 있습니다.

일단은 자신의 마음을 이해하고 말로 표현해봅시다. 그렇게 하면 당신이 정말로 원하는 게 무엇인지 상대도 알게 되고 자연히 이해해주는 사람도 늘어날 것입니다.

이런 감정의 늪에서는 어떻게 벗어날까?

• **과장하지 말고 마음속으로 느낀 것만 솔직하게 표현하자.**

20

칭찬을 받아도 순순히 받아들이지 못하는 늪

칭찬을 받았는데 어쩐지 마음이 편치 않고, 진정이 안 된다거나 부끄러워 견딜 수 없었던 경험이 있나요? 그럴 리 없다며 날 놀리는 거라고 생각해 화가 난 적은요?

이렇게 사람들에게 칭찬을 받아도 순순히 받아들이지 못하고 불편해하는 사람이 있습니다. 다른 사람이 좋게 평가한다고 한들 무의식중에 '나는 그런 말을 받을 자격이 없어'라고 그 칭찬을 단호히 거부하죠. 이러면 칭찬하는 사람이 도리어 민망해집니다. 당신에게 호감을 표현했는데 당신이 펄쩍 뛰며 불쾌하다는 반응을 보였으니까요.

왜 칭찬을 받으면 마음이 불편한가?

칭찬을 받아들이지 못하는 사람은 자신에게 칭찬받을 만한 데가 없다고 생각합니다. 칭찬해주는 사람을 믿지 않는 건 아니지만 기쁘지가 않습니다. 왜 그럴까요? 이는 당신이 열등감과 죄책감으로 고통받는 상태임을 말해주는 중요한 신호일지도 모릅니다.

자기보다 높은 자리에 있는 사람과 비교하고 '나는 왜 저렇게 할 수 없을까'라고 느끼거나 사람들이 해준 말을 다르게 해석하여 스스로 탓하는 사고가 열등감입니다.

예를 들어 "그 옷 예쁘다! 잘 어울려"라는 말을 들으면 '평소보다 옷차림이 좀 튀었나', '눈에 띄나'라고 느끼는 경우가 이에 해당합니다. 그러면 괜스레 신경 쓰기 시작합니다. '이런 걸로 칭찬을 받다니 왠지 민망해, 진심으로 그

렇게 생각하는 걸까' 하고 죄책감을 느낍니다. 이런 말에 괜히 들떴다가는 나중에 크게 실망하게 될 거라고 생각하는 사람도 있습니다.

누군가가 "그 옷 예쁘다. 오늘 너랑 아주 잘 어울려"라고 하면 그저 "고마워" 하고 쿨하게 받아들인다면 어떨까요? 당신을 무시하려는 것도, 평소의 태도와 비교하려는 것도, 뭔가 다른 의도로 말하는 것도 아닙니다. 그냥 있는 그대로 받아들이면 됩니다.

'나는 상대가 하는 말을 곧이곧대로 받아들이지 못할 뿐이야. 그러려면 어떻게 반응해야 할까?'라고 생각해보세요.

혹여나 정말로 상대에게 나쁜 의도가 있었다고 해도 그건 당신과 아무런 관계가 없습니다. 나쁜 의도로 말한 상대가 문제이지, 당신에게는 아무 잘못이 없습니다. 이 경우에도 상대가 했던 말을 있는 그대로 받아들이면 상처받지 않고 넘어갈 수 있습니다.

평소 겸손하게 살아야 한다는 생각을 갖고 있다면 칭찬을 받아도 마냥 기뻐하기가 힘듭니다. 칭찬받았다고 드러내놓고 기뻐하는 게 왠지 좋지 못한 태도라고 느껴지기 때문입니다. 하지만 상대가 해준 진심 어린 말을 거부하고 받아들이지 않는 태도 또한 겸손함과는 거리가 멉니다.

일단은 "고맙습니다" 하고 받아들이고 그 후에 "도와주신 덕분에 잘 풀렸습니다", "열심히 했을 뿐인데 그렇게 됐습니다"라고 덧붙여서 말해보면 어떨까요? 그러면 기분이 좋게 칭찬을 받아들일 수 있을뿐더러 열등감과 죄책감에서도 해방될 것입니다.

이런 감정의 늪에서는 어떻게 벗어날까?

• 상대가 해준 말을 있는 그대로 받아들이면 상처받지 않는다.

21

부탁할 때 죄책감을 느끼는 늪

"그 사람한테 부담 주기 미안해서요."
"부탁했다가 거절당하면 상처를 크게 받아요."

위와 같은 사정으로 여러 일을 혼자 떠안아 부담을 가지고 있다가 결국에는 사람들과의 교류마저 단절하는 경우가 있습니다. 이럴 때는 '다른 사람들에게 일을 나누어주는 것'이 최고의 해결책입니다.

당신은 지금 여기저기서 받은 일을 혼자 해내느라 발바

닥에 불이 날 지경입니다. 그럴 때 사람들이 또 다른 일을 부탁해오거나 고민 상담 좀 해달라고 찾아오면 어떤 생각이 드나요?

혹시 '지금 바빠 죽겠는데', '이 정도 일은 자기가 직접 할 것이지'라고 생각하지는 않나요? 이런 생각을 가지고 있으면 다른 사람에게 일을 부탁하거나 고민 상담을 할 수 없습니다. 자신이 이런 일을 부담스럽게 느끼는 터라 다른 사람도 당신의 부탁을 부담스러워할 것이라고 생각하기 때문입니다. 그러다 자기를 싫어하게 되지는 않을까 봐 걱정이 되기도 하고요.

'소금통 좀 줘'부터 시작하자

가장 중요한 것은 마음의 여유를 되찾는 일입니다. 많은 일을 떠맡고 있으면 다른 사람들의 부탁을 부담스러워하는 것도 당연합니다. 일단 '나는 지금까지 누구보다 잘해왔어. 꽤나 유능한 사람이지'라고 스스로 인정해줍시다.

이런 마음의 여유가 생기면 다른 사람의 부탁을 받아도 긍정적으로 생각할 수 있습니다.

그다음에는 작은 것부터 부탁하는 연습을 해봅니다. 동료들과의 식사 자리에서 "거기 소금통 좀 집어줘"라고 말해보는 것입니다. 그리고 소금통을 집어준 것에 대해 미안해하지 말고 고마움만 느껴보세요. "고마워"라고 소리 내어 말해보는 것도 좋은 방법입니다.

고마운 마음이 생기면 시간적으로나 감정적으로 여유가 생겨 부탁하는 것에 대해 지금까지와는 다르게 생각할 수 있습니다. 고마운 마음을 상대에게 돌려주고 싶어질 테니까요.

그래도 부탁한다는 말이 도저히 입에서 나오지 않는다면 '나는 다른 사람에게 부탁이나 고민 상담을 못하는 사람'임을 인정하고 사람들에게 부탁하지 않아도 괜찮습니다. 내가 어떤 상태인지를 알고 있는 것만으로도 여유를 찾는 데 한결 도움이 됩니다.

간혹 다른 사람에게 부탁하느니 내가 하고 말지라고 생각하는 사람도 있습니다. 하지만 혼자서 애쓰는 것과 함께 힘을 합치는 것, 둘 중 어느 쪽이 더 효율적이고, 많은 사람을 행복하게 만들지 한번 생각해봤으면 합니다. 만약 회사에서 후배에게 일을 시키는 것이 미안해 내가 모든 일을 떠안으면 그 일을 하는 나도 고통스럽지만 후배의 성장 기회를 빼앗는 일이 되기도 합니다.

이때는 일을 적절히 가르쳐주며 업무를 맡기는 게 모두에게 가장 좋은 선택입니다. 후배도 급여를 받고 일하는 직원이니 일을 시키는 것에 죄책감을 느끼지 않아도 됩니다. 작은 일부터 부탁하여 함께 성장해나가는 모습을 지켜보면 뿌듯함을 느낄 수 있을 뿐 아니라 자신을 믿고 따라주는 후배에 대한 고마움도 느낄 수 있을 것입니다.

이런 감정의 늪에서는 어떻게 벗어날까?

• 작은 일을 부탁하는 연습을 하여 고마운 마음을 느껴본다.

22

사람들이 생각 없이 던진 한마디에 상처받는 늪

지나가는 사소한 말 한마디까지 신경 쓰지 않아도 된다는 것은 잘 알지만 그게 쉽게 된다면 이제껏 마음고생을 하지도 않았겠죠. 섬세한 당신은 다른 사람이 무심코 던진 말에 누구보다 크게 동요합니다.

상처를 잘 받는 늪에 빠진 사람은 남들보다 콤플렉스가 많을지도 모릅니다. 콤플렉스는 '어떤 기억에 잊지 못할 강한 감정이 매여 있는 것'입니다. 과거에서 벗어나지 못하는 상태이지요. 같은 말을 들어도 상처받는 사람이 있고

상처받지 않은 사람이 있는 것도 이 때문입니다.

별것 아닌 한마디에 상처받아 마음의 문을 닫아버리고 심한 경우에는 관계를 끊어버리기도 하니 참 안타까운 일입니다.

언제까지 낙담해 있을지 시간을 정하자

아무 생각 없이 던진 한마디에 쉬이 상처 입는 사람은 상대방은 별생각 없이 한 말이라는 사실을 잊어버립니다. 머리로는 알면서도 실제로 받은 상처가 소용돌이치며 점점 커져 쉽게 털어내지 못하죠.

마음에 걸리는 일이 있었다고 칩시다. 예를 들어 "넌 화를 잘 내는 것 같아"라는 말을 들었습니다. 상대의 진심을 알게 되어 상처받은 경우, 이 말이 계속 떠올라 부정적인 감정에 사로잡힙니다.

이럴 때 어떻게 하면 좋을까요? 감정적으로 낙담만 하고 있을 것이 아니라 혹시 자신의 말투가 매섭지는 않았는지, 자기도 모르는 사이에 정말 화를 냈는지 객관적으로 생각해볼 필요가 있습니다. 마음에 짚이는 데가 있다면 앞으로는 어떻게 할지 생각해봅니다. 온화한 사람이 되고 싶다면 화를 내는 대신 말투를 고쳐 본다든지 세 번은 참으려고 노력해봅니다.

만약 자기 성향 자체가 원래 화를 잘 내는 편이라는 생각이 들면 '맞아. 나 화를 잘 내는 편이야'라고 깔끔하게 인정합니다. 옳고 그름을 떠나 '내가 어떤 사람인지 아는 것'이 중요합니다.

또 언제까지 낙담해 있을지 시간을 정합시다. 당신이 몇 년을 괴로워하든 상대는 '별 생각 없이' 한 말이라 몇 시간 후면 그 일을 까맣게 잊어버립니다. 상대가 몇 시간도 안 되어 잊어버릴 일을 당신은 몇 년이나 상처를 간직한다는 뜻입니다. 너무 안타깝지 않은가요?

예전에 "얌전하네"라는 말을 듣고 상처받은 사람이 있었습니다. "왜 상처받았어?"라고 물었더니 "얌전하다는 말은 재미없다는 뜻이잖아"라고 대답했습니다.

그래서 주변에 있는 얌전한 사람을 한 사람 떠올리고 "그 사람을 재미없는 사람이라고 생각해?"라고 물었습니다. "아니, 조용하고 차분해서 아주 좋아해"라고 대답했습니다. 그제야 자기 멋대로 얌전한 사람을 재미없는 사람이라고 정의 내리고 있었다는 사실을 깨달았습니다. 자신에게 상처를 준 것은 상대가 던진 말이 아니라 그 말을 정의 내리는 자신인지도 모릅니다.

더구나 생각 없이 던진 한마디 한마디를 모두 마음에 담는 습관을 유지한다면 해도 그만 안 해도 그만인 시시한 말만 하게 됩니다. '이런 말을 하면 그 사람이 싫어하겠지' 하고 지레 겁먹기 때문입니다.

당신은 상처받은 말에 어떤 정의를 내리고 있었나요?

✦
이런 감정의 늪에서는 어떻게 벗어날까?

• **언제까지 낙담해 있을지 정한다.**

23

대화 도중에 말이 끊기면 불안해하는 늪

침묵이 두려워 무리하게 말을 이어가다 실수한 경험이 있나요? 어색한 침묵이 무섭거나 대화가 끊기는 게 두려운 사람은 자신이 재미없는 사람이라 상대방도 지루해한다고 생각하기 쉽습니다. 그러니 대화를 할 때도 밉보이지 않게 계속 조심합니다. 이런 생각이 강해질수록 자기도 모르는 사이에 긴장하게 되고요.

그런데 이런 긴장 이면에 상대가 진짜 내 모습을 알면 좋아할 리 없다는 낮은 자존감과 자기 부정의 마음이 있다는 걸 알고 있나요?

그래서 누군가와 이야기할 때, '내가 재미없는 사람으로 느껴질까?'에만 신경이 쏠려 있습니다. 결국 상대는 물론이고 자신도 즐거운 시간을 보내지 못하죠.

말보다 중요한 것

억지로 아무 말이나 하지 말고 상대를 더 알고 싶다고 생각해보면 어떨까요? 그러면 상대에게 관심이 생겨 질문이 절로 나오면서 화제도 늘어납니다. 이때 이야기를 세심하게 들어준다면 상대도 당신에게 호감을 가질 수 있습니다. 그럼 자연스레 질문이 늘어나면서 대화도 부드럽게 이어지는 선순환이 생기죠.

'대화의 공백'에 대한 정의도 바꿔봅시다. 말하지 않으면 안 된다는 생각에 사로잡히면 침묵의 대단함을 놓칩니다. 사실 대화에서는 말하는 시간보다 침묵하는 시간이 더 중요합니다.

대화 상대가 침묵하며 이야기를 들어주면 나를 존중한다는 걸 느낄 수 있습니다. 영업하는 사람의 경우, 상대에게 안도감과 신뢰감마저 줍니다.

그래서 말을 잘하고 재미있는 영업사원을 만나면 또 만나고 싶다는 생각이 들지만 적절히 간격을 두고 신중하게 말하는 영업사원을 만나면 신뢰감이 생겨 사고 싶다는 생각이 듭니다.

오늘부터 기분 좋은 공백을 만들기 위해 아주 작은 요령을 배워봅시다.

1. 시선을 눈이 아니라 코에 맞춘다.
(눈을 직접 보지 않아 긴장이 완화된다)
2. 고개를 끄덕이면서 상대가 하는 말을 듣는다.
3. 상대가 하는 말에 맞장구친다.

예를 들어 "○○라서 너무 싫었어"라고 말했다면 고개를 끄덕이면서 "싫었구나"라고 맞장구를 칩니다.

"어느 쪽이 좋은지 잘 모르겠어"라고 말했다면 "그렇구나", "그럴 때가 있어"라고 상대의 말을 그대로 따라하며 맞장구를 칩니다.

대화에서 발생하는 가장 큰 문제는 자신이 말을 잘하지 못하는 것도 대화에 공백이 생기는 것도 아닙니다. 상대가 하는 말을 듣지 않는 것입니다.

자, 아직도 대화 도중에 말이 끊기면 어색한가요?

✦

이런 감정의 늪에서는 어떻게 벗어날까?

- **침묵은 신중히 생각하기 위한 시간이다. 부정적인 시선을 걷어 내자.**

24

모르는 게 있으면 의기소침해지는 늪

대화 도중 잘 모르는 화제가 나왔을 때 자신도 모르게 아는 척하는 경우가 있지는 않았나요? 아는 척하고 얼렁뚱땅 화제가 넘어가면 상관없지만 대화가 깊어져 잘 모른다는 사실을 들켜버리면 망신을 당할 수도 있습니다. 그 화제를 잘 모른다는 것뿐 아니라 거짓말했다는 사실까지 드러나기 때문이죠.

그런데 왜 모른다고 솔직하게 인정하지 않고 아는 척하

는 걸까요? 사람들이 당신을 똑똑한 사람으로 봐주었으면 좋겠다고 생각하기 때문입니다. 이는 무시당하고 싶지 않은 마음이 크다는 증거이기도 합니다.

물론 조금만 자세히 들어가면 잘 모른다는 것이 금세 드러나기 때문에 단순히 아는 척만으로 똑똑해 보이고 싶다는 바람을 채울 수는 없습니다.

아는 척하다가 위기에 처하는 이유

사실 이런 사람은 아주 외로운 사람인지도 모릅니다. 외톨이가 되기 싫어 사람들 눈에 띄려 하거나 자신을 주인공으로 만들어주는 화제를 꺼내 대화의 주도권을 가져가려 하는 거니까요. 외로운 자신을 지키려는 발버둥인 셈이죠.

그것보다 '진정한 나를 인정하는 연습'을 먼저 해보는 건 어떨까요? 아는 척하는 것으로 주목받는다고 해서 외

로운 마음을 메울 수 없습니다. 오히려 잃는 게 더 많습니다. 그중 가장 중요한 것이 바로 '신뢰'입니다. 그뿐 아니라 사람들의 호감이나 새로운 지식을 얻을 기회도 잃을 수 있습니다. 아는 척만 하고 노력하지 않기 때문이죠. 아는 척으로 대화를 이어간다 해도 그 분야에 정통한 사람이 나오면 금세 자리를 빼앗겨버립니다.

누구에게나 잘 모르는 분야는 있기 마련입니다. 어떤 분야를 잘 모른다고 해도 아무도 당신을 무시하지 않습니다. 실제로 무시한다고 해도 그건 그 사람 문제이지, 당신 문제가 아닙니다.

모른다는 사실을 솔직하게 인정하면 새로운 지식을 얻을 기회가 생깁니다. 만약 대화 도중 모르는 분야가 나왔는데 이야기를 들어보니 재미있거나 더 알고 싶다는 생각이 들면 앞으로 그 분야를 공부해보면 됩니다.

자, 오늘부터 자신을 성장시키는 '아는 척'에 도전해봅시다. 일단 모든 걸 알기는 불가능하니 정말로 아는 척하고 싶은 분야를 정합니다. 예를 들어, 미용에 관심이 있다면 아는 척했던 부분까지 실제로 지식을 쌓습니다. 만약 그 시간이 즐겁게 느껴졌다면 당신이 정말로 알고 싶었고 남에게 알려주고 싶은 분야일 가능성이 높습니다.

신기하게도 정말로 하고 싶은 일을 찾으면 더 이상 아는 척하고 싶은 생각이 들지 않습니다. 다양한 분야에 관심이 있다면 '얇고 넓게' 지식을 쌓기로 마음먹고, 이 사실을 주변 사람들에게 알립니다.

"기본적인 건 알아."
"나는 넓고 얕게 아는 사람이라서."

모른다는 말 외에 구체적으로 자신이 아는 정도를 설명할 수 있으면 한 걸음 발전한 것입니다.

나아가 다른 사람에게 "좀 더 가르쳐줘"라고 부탁할 수 있다면 더욱 발전한 것이고요. 누군가에게 가르침을 받고 싶다는 건 자신이 모른다는 사실을 인정함과 동시에 그 분야에 대해 진심으로 더 알기를 원한다는 마음이 담겨 있기 때문입니다. 더 이상 누군가에게 잘 보이기 위한 아는 척이 아니라 자신을 위한 배움의 한걸음을 뗀 것이죠. 일단은 본인이 할 수 있는 것부터 하나씩 바꿔봅시다.

이런 감정의 늪에서는 어떻게 벗어날까?

• 내가 아는 척하고 싶은 분야가 무엇인지 고민해보자.

25

모든 일을 극단적으로 바라보는 늪

마음에 들지 않는 일이 있을 때 "이제 끝났어, 헤어져, 절교야"라는 극단적인 말을 하며 인간관계를 단칼에 끊어버린 적이 있나요? 이 말을 듣고 옛 기억이 떠올라 가슴이 뜨끔하다면 주목해주세요.

모든 일을 흑과 백으로 바라보며 극단적으로 사고하는 사람들이 있습니다. 왜 그럴까요? 상대의 반응에 따라 자신의 가치를 결정하는 편향된 가치관 때문입니다.

예를 들어 연애에 관해 흑백 논리를 가진 사람은 '내가 사랑받는 이유는 내가 더 희생하기 때문이야'라고 생각하는 등 자기만의 기준으로 사랑받는 이유를 판단합니다.

'결혼해주지 않으니 나를 사랑하지 않는 거야', '선물을 주지 않으니 나를 소중하게 여기지 않는 거야', '이런 말을 하다니 나를 좋아하지 않는 거야.' 이렇게 흑인지 백인지 따지고 들기 시작하면 끝이 없습니다.

세상에는 회색 지대가 가장 많다

'인간은 저마다 다르고 같지 않다.' 이런 당연한 이야기는 모두가 잘 알고 있을 것입니다. '무엇을 해야 한다'에 관한 생각은 사람마다 다릅니다. 같은 사람이라도 날에 따라 다를 수도 있습니다. 컨디션이 좋은 날인가 나쁜 날인가에 따라 어떤 일에 대한 반응이나 대처가 달라집니다. 당연하죠. 우리는 기계가 아니니까요.

만사를 흑과 백으로 나누면 애매한 관계가 떨어져 나가

게 됩니다. 곁에 남은 사람도 당신의 극단적 사고에 따라 주다가 이에 부담감을 느끼고 자존감에 상처를 입기도 합니다.

흑백 논리를 가지고 있는 사람 중 정의감이 강한 사람은 자기가 옳은 일을 하고 있다고 굳게 믿고 '옳은 걸 옳다고 말하면 왜 안 돼?'라고 생각할지도 모릅니다.

하지만 옳은 말을 한다고 해서 아무 말이나 해도 되는 것은 아닙니다. 그런 건 인간관계에서 통용되지 않아요. 당신이 무조건 옳다고 주장하는 경우, 필연적으로 상대는 자신의 의견, 더 나아가서는 자신의 존재마저 부정당하는 기분을 느낍니다.

정 흑백을 가리고 싶다면 '저 사람도 자신이 옳다고 믿는 걸 내게 말하고 있어'라고 마음속으로 되뇌기를 추천합니다.

어떤 일에 있어 당사자나 가까운 관계에 있는 사람은 그 일을 좀처럼 냉정하게 바라볼 수 없습니다. 그렇기 때문에 더욱 객관적으로 보려는 노력이 필요합니다. 상대방이 말하고 행동하는 것에 뭔가 숨겨진 사정이 있지는 않은지 나름대로 생각해보기를 바랍니다.

상대가 의견을 좀처럼 이야기하지 못하는 애석한 상황일 수도 있습니다. 이때 '골치 아프니까 아예 말하지 말자'라고 생각해버리면 참 곤란합니다. 이야기를 들어야 자기 마음과 상대 마음의 중간 지점을 찾을 수 있기 때문입니다. 이럴 때는 상대에게 "왜 그런 행동을 했는지 말해줄 수 있어?"라고 솔직하게 물어보면 어떨까요?

✦

이런 감정의 늪에서는 어떻게 벗어날까?

- 극단적으로 말하고 싶을 때는 상대에게도 사정이 있다는 걸 떠올리자.

26

다른 사람을 질투하는 늪

'질투'는 자신을 이해하는 데 도움이 됩니다. 만약 누군가를 질투했다면 무엇 때문인지 확인해봅시다.

이때 활용할 수 있는 유용한 도구가 바로 SNS입니다. 예를 들어 널찍하고 예쁜 방에서 지내는 사람이 올린 글이나 사진을 보고 질투가 났다고 해봅시다. 그곳과 비교하면 내 방은 비좁고 지내기 불편합니다. 나이도 비슷한데, 어째서 이렇게 삶이 다른 걸까 하는 생각이 밀려옵니다.

그러면 이제 무엇을 부럽다고 느꼈는지 확인해봅시다.

넓은 방? 깨끗한 방? 예쁘고 아기자기한 장식? "전부!" 라는 생각이 들더라도 일단 하나만 선택합니다. 그리고 그와 비슷해지기 위해 지금 내가 할 수 있는 일을 찾아봅니다.

책상 위를 깨끗하게 치우거나 꽃 장식을 해볼 수 있을 것입니다. 아니면 비슷한 소품을 두거나 러그 또는 담요를 깔아보는 방법도 있죠.

부럽다는 감정을 잘만 이용하면 '나도 그렇게 될 수 있다', '이렇게 해보고 싶다' 같은 긍정적 에너지가 싹틉니다.

그 일이 정말로 하고 싶은지 점검해보는 일도 중요하겠죠. 단순히 질투심 때문이라면 하루하루 소중한 시간과 돈을 다른 사람과 비교하여 남에게 보여주는 데만 쓰게 될 테니까요.

질투라는 감정을 부정하면 성공이 멀리 달아난다

질투에 부정적 인식을 갖고 있으면 성공도 부정적으로 인식하게 됩니다. 성공해서 질투의 대상이 되면 사람들에게 밉보일 수 있다고 생각하기 때문이죠.

이런 잘못된 생각 때문에 성공하는 길을 굳이 마다하고 제 발로 가시밭길을 택하는 것은 너무나도 안타까운 일입니다. 남의 성공을 부러워만 할 게 아니라 그들의 성공에서 배우려는 긍정적인 마음을 가지면 질투의 늪에서 빠져나올 수 있습니다. 다른 사람이 성공했기 때문에 나도 더 잘 되고 싶은 마음을 가질 수 있었다고 긍정적으로 바라보는 것이죠.

누구나 자신을 소중한 존재로 느끼고 싶어합니다. 부끄러운 것도, 숨겨야 할 것도 아닌 자연스러운 마음이죠. 실제로 자신의 소중함을 느낄 수 있다면 그보다 더한 행복은 없습니다. 그런데 늘 자신을 다른 사람과 비교하거나 우열을 가리면 스스로 대견하게 여기는 힘이 점점 약해집니다.

질투는 자신이 되고 싶은 모습을 어느 정도 반영합니다. 누군가가 잘되는 모습을 보고 질투를 느꼈다면, 그 감정을 성장의 동력으로 써보세요. 이런 생각으로 실제 자신에게 투자하고 스스로 성장해나간다면 자신에 대한 신뢰는 몰라보게 커질 것입니다. 더 이상 다른 누구와 당신을 비교할 필요도 없습니다. 당신은 계속 성장하고 있고 앞으로 더 나은 사람이 될 테니까요.

이런 감정의 늪에서는 어떻게 벗어날까?

• 질투의 감정을 자신의 성장 동력으로 쓰자.

제4장

월요일이 오는 게 두려워요

일과 회사 생활 편

27

회사에서의 관계 때문에 고통받는 늪

어떤 회사에나 자신의 감정대로만 행동하는 사람들이 있습니다. 불편한 심기를 숨기지 않고 분노를 있는 그대로 표출해 주변 사람들을 눈치 보게 만들죠.

다른 사람의 기분에 좌우되기 쉬운 섬세하고 부드러운 사람들은 그런 사람이 있으면 자기도 모르게 '내가 뭘 잘못 했나?', '나한테 화가 났나?', '그 말은 하지 말걸 그랬나?' 하고 마음을 쓰게 됩니다.

섬세하기 때문에 조건반사처럼 상대의 기분을 살펴 불

편함을 없애려 하죠. 하지만 이것은 어디까지나 <u>스스로</u> 그러는 편이 낫다고 생각해온 습관의 결과일 뿐입니다. 따라서 마음먹기에 따라 얼마든지 관계를 바꿀 수 있습니다. 그 사람의 감정에 휘둘릴지 말지 결정하는 것도 결국은 당신이기 때문입니다.

다른 사람의 행동에 동요하지 말고 그를 존중한다

옆자리에 앉은 상사 A 씨는 늘 심기가 불편해 가까이 가기만 해도 부정적인 기운이 느껴집니다. 곁에 있는 사람들은 행여나 A 씨의 심기를 거스를까 봐 조마조마한 상태로 일하죠.

이런 경우 가장 먼저 시도해볼 수 있는 방법은 자신과 상대를 구분해 생각하는 것입니다. A 씨는 왜 심기가 불편할까요? 그 이유를 누가 알고 있을까요? 바로 A 씨입니다.

심기가 불편하고 짜증이 나는 걸 드러내놓고 말하지 않기로 정한 건 누구인가요?

그렇습니다. A 씨입니다.

상대방의 문제를 당신이 짊어지지 마세요. 정말 당신 때문에 화가 났다고 해도 입 밖으로 꺼내지 않은 이상 그것은 A 씨 개인의 문제입니다. A 씨가 당신에게 직접 말하지 않았으니까요.

화가 난 후 그것을 태도로 드러낸 것도, 당신에게 직접 말하지 않는 것도 A 씨의 문제이기 때문에 주변에 있는 당신은 그저 이를 '존중'해주면 됩니다.

회사 생활은 누구에게나 쉽지 않습니다. 다들 이런저런 사정을 안고 매일 살아가죠. 그러다 보니 회사에는 늘 기분 좋게 사람을 대하지 못하는 사람, 분위기를 맞추지 못하는 사람, 허세를 부리지 않으면 자신을 대단하게 여기지 못하는 사람 등 다양한 사람이 있습니다. 모두 열심히 사는 것도 사실입니다. 그러니 그들의 감정에 휘둘리지 말고 그들의 노력도 존중해야 합니다.

당신은 자기 문제에 집중하면 그만입니다. 먼저 당신이

회사에서 어떻게 지내고 싶은지 정합시다. 그래야 일상을 편하게 보낼 수 있습니다.

기분 나쁜 티를 내는 사람의 심기를 거스르지 않으려고 그렇게 조심하면서 자신의 기분은 방치하고 있나요? 자신의 기분을 뒷전으로 미루지 맙시다. 자기감정은 스스로 책임지고 다른 사람의 기분은 존중하는 것, 그걸로 충분합니다.

✦

이런 감정의 늪에서는 어떻게 벗어날까?

・ **다른 사람의 기분보다 자기 기분을 먼저 생각한다.**

28

힘든 일을 도맡아 하는 늪

언제나 친절하고 타인을 배려하는 사람들이 있습니다. 착한 사람들이죠. 하지만 이런 마음 때문에 어느샌가 남을 위해 자신의 삶까지 희생하는 늪에 빠지기도 합니다.

모처럼 큰 기회가 찾아오거나 함께 있으면 행복해질 것 같은 사람이 눈앞에 나타나도 무슨 이유에서인지 남에게 양보하고 제 손으로 행복을 걷어찹니다.

이런 일이 반복되면 남은 행복한데 나만 계속 아등바등 애쓰는 것처럼 느껴지고 왠지 모를 서운함까지 밀려옵니

다. 자기 발로 행복을 걷어찼는데 피해를 보는 것 같은 억울함이 사라지지 않습니다.

하지만 냉정하게 이야기해서 다른 사람을 배려한다는 마음의 이면에는 다른 사람과 깊이 교류하는 것을 꺼리는 경향도 없지 않습니다.

'여기서 솔직하게 말하면 일이 더 커져.'
'귀찮으니 그냥 대충 네 말이 맞다고 해주자.'
'내가 하는 게 훨씬 빠르겠어. 그냥 해버리자.'

하지만 이런 사소한 일들을 계속 피하면 점점 더 깊은 늪에 빠질지도 모릅니다. 표면적으로는 사람들과 잘 어울리지만 관계가 깊어지면 귀찮다는 생각에 스스로 피해버립니다. 일에서도 마찬가지입니다. 여러 사람의 도움을 받고 부탁하는 일이 귀찮다고 느껴지니 자신이 희생해 모든 일을 해치우는 것입니다. 나름대로 열심히 살았는데도 항상 외롭고, 혼자만 힘든 일을 도맡아 하는 것 같은 이유도 거기에 있습니다.

'사람들과 잘 지내려면, 개인적으로 너무 친해지지 않는 편이 좋아.'

'내 본모습을 보여주면 사이가 틀어질까 봐 두려워.'

'나만 참으면 조용히 넘어가겠군.'

자신만 참으면 일이 해결될 거라는 생각 때문에 솔직한 마음을 이야기하기보다는 자신의 욕구를 눌러버리는 것입니다. 이런 사람들은 다른 사람들과 가벼운 관계를 맺을 수밖에 없습니다. 진솔하게 교류하기보다는 당장 벌어질지도 모르는 귀찮은 일을 수습하는 데 더 신경 쓰기 때문입니다.

이런 사람들은 누군가 자신에게 조금만 잘해주어도 '나를 소중히 대해주었다', '나를 좋게 생각해주는 것 같다'라고 느낍니다. 그중에는 다른 사람도 그렇게 생각해주기를 바라면서 과한 호의를 베푸는 사람도 있습니다. 상대가 아니라 자신의 입장에서 말이죠. 그래서 반대로 다른 사람들이 자신의 노력을 알아주지 않을 땐 너무나 쉽게 마음이 상해버리기도 합니다.

열심히 한다는 것에 대한 생각을 바꾼다

직장에는 각자 해야 할 일이 있습니다. 그런데 다른 사람을 위해 자기를 희생하다 보면 직장 생활의 균형이 무너질 수 있습니다. 당신이 주변 사람들을 위한다고 한 일이 인간관계를 망치고 본인이 가장 피하고 싶은 귀찮은 일이나 불화를 낳기도 하죠.

당신은 무엇을 위해 일하나요? 주변 사람을 돕기 위해서인가요? 아니면 귀찮은 일을 피하기 위해서? 그것도 아니면 사람들에게 밉보이고 싶지 않아서?

과도한 일에 지쳐가면서 당장은 열심히 하는 걸 그만두지 못합니다. 지금껏 '열심히 하는 게 좋은 것'이라는 가치관으로 살아왔기 때문입니다. 그래서 '열심히 하지 않아도 괜찮아'라는 당연한 말로 스스로 위로해봤자 속으로는 믿지 않을 가능성이 큽니다.

열심히 하는 걸 그만두지 못하겠다면 대신 열심히 하는

것에 대한 생각을 바꿔보면 어떨까요?

지금까지는 직장 동료들이 기분 좋게 일할 수 있도록 뒤에서 도와주는 일에만 신경 썼다면 앞으로는 좀더 자신의 업무환경을 개선하는 데 힘을 쏟아봅시다.

가족을 위해 집안일을 도맡아 해왔거나 가족의 행복만 보살펴왔다면 이제는 눈 딱 감고 각자에게 일을 맡기는 것도 좋겠죠. 이렇게 다른 사람을 위해 열심히 해오던 일을 자신을 위해 열심히 하는 것으로 살짝 바꿔보는 겁니다.

이때, 다른 사람을 위해 꾹 참고 해오던 일을 어디까지 줄일 수 있느냐가 중요합니다. 지금까지 열심히 해온 당신을 비난하려는 것이 아닙니다. 단지 '나만 참으면 돼. 내가 참지 않으면 모두가 행복해질 수 없어'라는 잘못된 생각이 당신을 자기희생의 늪으로 끌고 간다는 이야기를 하고 싶은 것입니다.

'더 이상 참고 싶지 않다', '관계를 위해 내 삶까지 희생하고 싶지는 않다'라는 마음이 든다면 지금 하고 있는 일을 줄여봅시다. 그리고 매일 한 가지씩 자신을 위해 무엇을 하고 싶은지 생각해보면 어떨까요? 열심히 하되 '자신의 욕구'에 집중하면서 열심히 하는 것으로 바꿔봅시다.

이런 감정의 늪에서는 어떻게 벗어날까?

 • **매일 하나씩, 자신에게 선물을 해주자.**

29

일을 못해 스스로 실망하는 늪

일을 하다 보면 스스로 실망하는 경우도 많습니다.

- 속도가 느리다.
- 후배가 일을 더 빨리 배운다.
- 일센스가 없어 주위에 늘 폐를 끼친다.
- 몇 번이나 주의를 받아도 같은 실수를 반복한다.
- 계속 같은 질문을 하는 내 자신이 싫다.
- 일처리가 엉성하다.

특히 스스로 일센스가 없다고 느끼는 사람은 단순히 일을 끝내는 것뿐 아니라 성과를 내는 데도 다른 사람보다 시간이 걸립니다. 속도보다 질을 중시하는 사람은 특히 더 인정받기 어렵죠.

사람들 중에는 일을 두루두루 잘하는 유형과 한 가지 일을 공들여 하는 유형 그리고 그 중간 유형이 있습니다. 이렇게 사람마다 성향이 다른데 다른 사람과 비교하는 것은 의미가 없습니다.

재촉받는 걸 싫어하고 일하는 속도가 느리다는 걸 자각하는 사람이라면 '나는 내 페이스가 중요해. 중간중간 쉬어야 제대로 할 수 있어'라는 식으로 자기만의 페이스를 확인하고 일을 합시다.

자기 페이스를 잘 모른 채 '난 손이 느리니까 빨리 해야 돼'라고 여기며 부담을 느껴버리면 제 실력을 발휘하지 못합니다. 일단은 자신을 냉정하게 바라봅시다.

이런 사람은 우선순위를 잘 정하지 못합니다. 일머리가

좋은 사람에게 무엇부터 하면 좋을지 물어보면 자신이 생각했던 것과 차이가 있음을 확인할 수 있습니다. 이렇게 하나둘 배워가다 보면 일머리가 늘고 일이 능숙해질수록 자신감이 생겨 업무에 재미를 붙일 수 있습니다.

일을 잘 못하는 사람은 업무를 미루는 습관이 있을 가능성이 높습니다. 기한이 임박해서야 할 일을 생각하거나 심지어 기한이 지나고 일을 시작해 허둥지둥 실수를 거듭하다 더욱 실망하는 늪에 빠집니다.

'매일 오전 9시에 메일을 체크하고, 답할 시간을 확보하는' 것을 습관화할 수 있게 스케줄을 짜보세요.

사람인 이상 일을 하다 보면 반드시 실수를 할 수밖에 없습니다. 그럼에도 실수가 잦고 시킨 일을 제대로 하지 못하면 상사의 눈 밖에 날 수 있습니다. 마음이 불안하거나 하는 일이 지겨워지면 누구나 주의가 산만해집니다. 비슷한 실수를 계속하는 사람이라면 내가 원하는 대로 뇌에 명령 내리는 법을 알아두면 좋습니다.

작은 일을 꾸준히 해내는 것이 일을 잘하는 지름길

이미지 트레이닝으로 미래를 그려보는 것입니다. 늘 준비해야 하는 서류를 하나씩 빠트리는 실수를 저지른다면 '사전에 할 일을 체크하는 모습', '서류가 다 준비된 상태에서 제출하는 모습' 그리고 '개운한 마음으로 다음 프로젝트에 착수하는 모습'을 상상하고 그대로 움직여 개운한 기분을 맛보는 과정을 습관화합니다. 주로 전날 밤이나 출근할 때 머릿속으로 이미지 트레이닝을 하면 됩니다.

메모한 글씨를 읽을 수 없거나 메모를 어디에 써두었는지조차 모르겠다면 업무를 잘 관리하지 못하고 실수를 반복할 가능성이 많습니다.

주변 정리는 잘 하고 있나요? 왜 보고를 안 하냐는 잔소리를 듣지는 않습니까? 이런 일이 반복된다면 '메모는 읽을 수 있게 또박또박 쓰자', '마감일은 꼭 여기에 메모해두자' 등 스스로 관리할 수 있는 대책을 세워봅시다.

핵심은 작은 일이라도 꾸준히 해나가는 것입니다. 자신

이 못하는 게 무엇인지 확인하는 작업은 자기 개성을 발견해가는 과정이기도 합니다. 일을 잘하지 못하는 자신에게 실망만 할 것이 아니라 소소하지만 잘할 수 있는 일을 찾아 이를 습관화합시다.

'역시 나는 안 돼'라고 생각했던 시간을 '이 문제를 해결하려면 어떻게 해야 좋을까?'를 고민하는 시간으로 바꾸면 같은 실수를 반복하지 않을 수 있습니다.

일하면서 실수하지 않는 사람은 없습니다. 다들 실수를 거듭하면서 문제를 뛰어넘을 수 있는 사람으로 성장해 비로소 지금 모습이 된 것입니다. 낙담하는 사람은 성장 가능성이 있는 사람이기도 합니다. 실수하고도 '그런 일도 있었지' 하고 대수롭지 않게 넘긴다면 앞으로도 그 문제를 개선하지 못한 채 실수를 계속하게 될 테니까요.

그러니 자신의 모습을 보며 실망하고 우울해하지 말고 그 시간을 통해 더 나아질 자신을 그려보세요. 자신의 업무 스타일을 제대로 파악하고 그 개성을 살려 가장 효율적인 방식으로 업무에 임하는 게 핵심입니다. 업무력을 키워 회사에서도 인정받고 자기 만족도 채워가면 더 이상 월요일이 두렵지 않을 것입니다.

이런 감정의 늪에서는 어떻게 벗어날까?

- 실수를 하거나 잘하지 못하는 일이 있어도 자기 페이스를 파악해 꾸준히 해나간다.

30

다른 사람에게 유난히 엄격한 늪

"가까운 사람에게는 기대가 커져서 나도 모르게 자꾸 엄격하게 대하게 돼."

"잘해주려고 했는데 그렇게 하지 못했어."

누구와 얼마만큼의 거리를 두어야 하는지 판단하는 일은 쉽지 않습니다. 그러다 보니 내가 상대방을 어떻게 대하고 있는지 자각하기도 쉽지 않죠.

다른 사람을 엄격하게 대한다는 것을 자각하지 못하다

가 누군가가 그 사실을 지적하거나 부하직원이 회사를 그만두고 나서야 비로소 깨닫기도 합니다.

"그러면 안 돼."
"그 정도도 못하면 어떻게 하냐."
"아직 ○○도 못하니."
"그래서 내가 말했잖아."

이런 말을 입버릇처럼 한다면 주변에서 당신을 엄격한 사람으로 생각할 가능성이 높습니다. 이렇게 말하지 않더라도 태도에서 그것이 드러날지도 모릅니다. 부하직원이 실수할 때마다 한숨을 쉬거나 벌컥 화내며 감정을 드러내지는 않습니까?

이런 경우, 분노에 사로잡혀 상대를 불쾌하게 만드는 것은 물론이요, 자신도 큰 손해를 입습니다. 상대방은 자신을 위해 그런다고 생각하기보다 분노에 못 이겨 감정을 표출한다고 생각할 테니까요. 그러면 상대방과의 관계까지 틀어져 쓸데없는 감정을 낭비하게 됩니다.

사람을 억지로 바꿀 수는 없다

여러 사람과 함께 일할 때 가장 어려운 점은 일이나 책임에 대한 가치관이 저마다 다르다는 것입니다. 일에 대한 의무감과 기준, 의욕도 사람에 따라 다릅니다. 경영자와 사원도 각기 다르겠죠.

사람에게는 성장할 자유가 있지만 성장하지 않을 자유도 있습니다. 모두 개인의 선택에 달렸죠. 성장과 책임에 무게를 두지 않는 사람은 먹고살기 위해 일합니다. 이런 사람에게 성과는 그다지 중요하지 않습니다. 당연히 의욕이나 책임감이 있는 사람과는 능률에서 차이가 나고 일을 대하는 마음도 다르겠죠.

당신이 타인에게 엄격하다는 건 남들보다 일을 중요하게 여기고 있으며 생각이 깊고 성실하다는 증거이기도 합니다. 그렇다고 해서 다른 사람을 억지로 바꿀 수는 없습니다.

그보다는 '어떻게 하면 더 그 사람의 개성을 살리면서 능률을 올릴 수 있을까?', '지금보다 더 의욕적으로 일하게 만들려면 어떻게 말해야 할까?', '어떻게 지시하면 좋을까'를 생각하는 쪽이 건설적입니다.

'그렇지 않아도 짜증 나 죽겠는데, 그렇게까지 해야 돼?'라고 생각할지도 모릅니다. 하지만 이런 생각은 당신에게도 도움이 됩니다. 이런 스킬을 배워놓으면 사람을 키우거나 회사를 이끌어가는 리더십이 몰라보게 향상되기 때문입니다.

물론 이렇게 되기까지는 경험이 필요합니다. 책으로 배울 수 있는 일도 아니죠. 월급을 받으면서 놀라운 스킬을 배울 수 있다는 걸 인지하고 의욕을 내서 배우면 다른 사람에게 엄격한 늪에서 빠져나오는 길이 보일 것입니다.

하지만 그 전에 중요한 것이 하나 더 있습니다. 남에게 엄격한 만큼 그들에게 요구하는 걸 본인도 해낼 수 있는지를 먼저 확인해야겠죠.

잘 모르겠다면 "○○ 상황에서 이런 말을 했는데 너라면 심하다고 느끼겠어?"라고 다른 사람에게 물어보는 방법도 있습니다.

이런 감정의 늪에서는 어떻게 벗어날까?

- 성장은 개인의 자유임을 잊지 말자.

31

언제나 남의 평가에 신경 쓰는 늪

    자신을 어떻게 평가하고 있을지 신경이 쓰여 종일 상사와 다른 사람의 안색만 살피다가 지쳐버린 때가 있나요? 평가받는 삶이란 두려움 그 자체입니다.

- 좋은 평가를 받지 못하면 월급이 줄어든다.
- 좋은 평가를 받지 못하면 인사고과가 나빠진다.
- 좋은 평가를 받지 못하면 승진하지 못한다.
- 좋은 평가를 받지 못하면 계속 남 밑에서 일한다.

위와 같은 생각으로 자칫하면 모든 걸 빼앗길 수 있다는 위기감에 평가에만 마음을 쓰게 됩니다. 그 결과, 자책이 늘어 실수가 두려워지고 별것 아닌 말에도 큰 상처를 입는 일이 되풀이되면서 어느새 지쳐버립니다.

더욱 위험한 것은 직장 내 성과나 좋은 평판을 동료에게 빼앗기지 말아야 한다고 믿는 일입니다. 그 결과, 다른 사람을 모함해 자신을 올려 세우거나 실제보다 성과를 부풀려 말하는 등 자신도 이해할 수 없는 행동을 하게 됩니다. 그러면 피로가 가중되어 습관처럼 부정적인 생각을 하는 악순환에 빠집니다.

일은 인생의 일부일 뿐이다

평가에만 신경 쓰는 사람은 주변에 전혀 신뢰감을 주지 못합니다. 그뿐 아닙니다. 이런 사람들을 잘 살펴보면 일을 못하니까 평가에 더 매달리는 경우도 많습니다.

이 사실을 먼저 마음에 새깁시다. 상황을 객관적으로 바라보지 못하고 평가에만 매달리면 인정받을 때까지 다른 사람보다 몇 배는 열심히 일해야 합니다. 계속 남들보다 우위에 있어야 하니 긴장할 수밖에 없고 작은 실수도 용납하지 않게 됩니다. 이렇게 완벽을 추구하다 보면 관계에서도 문제가 생길 가능성이 높습니다.

회사를 다니는 이유는 무엇인가요? 회사와 상사의 인정을 얻기 위해서인가요? 좋은 평가를 받아 승진하는 것만이 목표인가요?

정말 그 회사에서 높은 자리에 올라가고 싶은지 확인할 수 있는 좋은 방법이 있습니다. 상사와 임원이 당신이 보기에 멋진 인물인지, 그 사람들이 행복해 보이는지 확인하는 것입니다. 그 자리에서 버틴 끝에 돈과 명예를 쟁취한 사람들이 회사에 있는 윗사람들이니까요.

우리는 인생의 많은 시간을 일하는 데 사용합니다. 그 많은 시간을 평가에 할애할 만큼 평가가 중요한가요? 그렇지 않습니다. 오히려 스스로 성장하고 가치 있는 일을 하다 보면 좋은 평가는 자연스럽게 따라옵니다.

중요하고 가치 있는 일은 늘리고, 불필요한 것은 줄이자는 의식을 갖지 않으면 무엇이 중요하고 무엇이 덜 중요한지도 모른 채 주어진 일만 하다가 인생을 헛되이 흘려보내게 됩니다.

스스로 업무를 완수하는 데 집중하는 사람은 어딜 가든 중요한 일을 빠르게 캐치하여 자기 힘으로 성과를 내지만 다른 사람의 평가에만 집착하면 결국 인생을 보는 시야가 좁아진다는 사실을 잊어서는 안 됩니다.

좋은 평가를 받는 것이 곧 돈을 버는 힘이며 행복할 수 있느냐 없느냐를 가리고 더 나아가 자신의 가치를 판단하는 척도가 된다는 생각은 완전히 틀렸습니다. 아무리 중요한 평가라도 고작 회사 안에서의 평가일 뿐이고, 좋은 평가를 받는다 해도 영원히 지속되지는 않으니까요.

지금 일어난 일도, 머지않아 과거의 일이 됩니다. 이 늪에서 빠져나오려면 일뿐 아니라 인생 전체를 생각해봐야 합니다. 뛰어난 사람이 되고 싶고 인정받기를 바라는 열망이 있기 때문에 그토록 평가에 신경 쓴다는 사실을 먼저 솔직히 인정합시다. 그러고 나서 높이 평가받는 것과 인생의 행복은 별개의 문제임을 꼭 기억했으면 좋겠습니다.

이런 감정의 늪에서는 어떻게 벗어날까?

• **중요한 건 늘리고 불필요한 건 줄인다.**

32

남을 돕지 않으면 안 될 것 같은 늪

누구나 사람들에게 도움이 되기를 바라는 마음이 있습니다. 누군가가 곤경에 처한 것을 보면 도와주고 싶은 게 자연스러운 감정입니다. 하지만 당신이 다른 사람을 위해 하는 행동이 실은 자신을 위한 행동이었다고 생각해본 적 있나요?

그렇게 힘든 상황이 아닌데도 계속 도와주는 것은 상대가 성장할 기회를 지연시키는 행위일 수도 있습니다. 열심히 하면 스스로 할 수 있는데, 방법만 알려주면 성장할 수 있는데도 계속 도와주면 어떻게 될까요? 상대방은 '나는 누군가의 도움을 받지 않으면 아무것도 못하는 사람이다'라고 인식하게 됩니다.

인정받지 못하면 자존감이 낮아지고 받는 것에 익숙해져 차츰 노력을 게을리할 가능성이 높죠. 상대에게 잘해주면 그 순간에는 기뻐하거나 고맙다고 하겠지만 장기적으로는 좋은 일이 아닐 수도 있습니다.

나보다 상대를 먼저 생각한다.

↓

도움을 준다.

↓

좋은 일을 해서 기분이 좋아진다.

흔히 사람을 도와줄 때 이런 사고 과정을 거칩니다. 하지만 실은 남이 아니라 자신을 위해 다른 사람을 돕는 것임을 알아야 합니다.

상대의 행복을 생각한다는 것

진정으로 상대의 행복을 바란다면 그들의 성장 가능성까지 고려하여 움직여야 합니다. 그것이 그 사람의 인생을 위한 도움입니다. 상대의 가능성을 인정하지 않고, 잘할 수 있을 거라 기대하지 않으니 듣기 좋은 말만 하고 바로 도움의 손길을 내미는 겁니다.

상대를 믿고 그가 더 잘할 수 있는 사람이라고 생각한다면 엄하게 꾸짖거나 '너라면 할 수 있어!' 하고 행동에 나설 수 있게 조언하겠지요. 바로 손을 내밀어 도와주는 게 습관이 되었다면 다음 포인트를 생각해봅시다.

- 도와주는 것이 자기만족을 위한 게 아닌가?
- 정말로 상대를 위해 돕는 것인가?
- 상대의 가능성을 믿고 있는가?

늘 이 세 가지 포인트를 확인하고 나서 행동해주세요.

정말로 도와주고 싶다면 3분만 기다려봅시다. 상대가 도와달라고 말하기 전까지요.

상대가 지금 어떤 부분에서 헤매는지, 무엇을 모르는지, 어떤 점이 곤란한지 물어보고 나서 정말 도움이 필요할 때 도와주려는 자세가 중요합니다.

이런 감정의 늪에서는 어떻게 벗어날까?

• 도와주고 싶다면 3분만 기다리자.

33

지금 하는 일이 자신에게 맞는지 고민하는 늪

"일을 하고는 있는데 적성에 맞는지는 잘 모르겠어."

이 고민은 은퇴하기 전까지 끊임없이 우리를 괴롭히는 주제입니다.

어떤 일을 좋아해서 한다고 해도 우리는 때마다 다른 감정을 겪습니다. 늘 긍정적인 자세로 일을 대할 수는 없죠. 사람이니까요. 그래서 어려움에 직면하거나 일이 잘 풀리지 않을 때는 누구나 '이 일이 적성에 안 맞는지도 몰라'라고 느끼게 됩니다. 당신은 어떤 순간에, 무엇 때문에 지금 하는 일이 맞지 않는다고 느꼈나요?

- 상사가 내게 이 일이 안 맞는 것 같다고 말했다.
- 동료와 후배에게 뒤처지는 것 같다.
- 일에 대한 불만만 늘고, 재미를 찾을 수 없다.
- 능력에 비해 업무량이 너무 많다.
- 내가 잘할 수 있는 일은 따로 있는 것 같다.

문제의 해답은 전부 자기 안에 있으므로 직장을 옮겨봤자 상황은 개선되지 않습니다. 따라서 자신을 좀 더 돌아보고 다음 질문에 대한 답을 생각해봅시다.

- 일이 재미없게 느껴지는가?
- 자신의 특성을 살리지 못해 불만인가?

감정과 원인을 직시하면 무엇을 개선해야 할지도 보일 것입니다.

내가 좋아하는 일을 하겠다고 말했지만...

자신의 성향을 아는 것도 중요합니다. 아무리 좋아하는 일이라 해도 성향이 맞지 않으면 괴로운 일이 될 수 있습니다.

조직 생활이 맞는 사람, 소수로 움직여야 마음이 편한 사람, 혼자 차분히 작업하기를 원하는 사람, 보수적인 사람, 개선과 제안을 하고 싶은 사람….

자신의 성향과 그 일이 맞는지 한번 확인해봅시다. 그후, 일이 맞지 않는 원인을 찾았다면 이제 지금 하는 일과는 정반대의 일을 하는 상상을 해봅니다.

- 사무 업무가 맞지 않는다 → 고객을 응대하는 일이라면 어떨까?
- 고객을 응대하는 일이 싫다 → 사람들과 만나지 않는 직업이라면?
- 출퇴근길 지하철을 타는 게 힘들다 → 도심에서 벗어나 있는 기업으로 이직하거나 출퇴근 시간이 자유로

운 곳에서 일하는 건 어떨까?

이렇게 상상해봤을 때, '그거라면 어렵지 않게 할 수 있을 것 같아'라고 느껴지는 일이 어쩌면 자신에게 잘 맞고 잘할 수 있는 일일지도 모릅니다.

마음속으로 일이 안 맞는 이유가 무엇일지 스스로 질문을 던지고 답해보는 것도 좋습니다. '실은 하고 싶은 일이 따로 있지만 지금 다니는 직장에서는 그 일을 할 수 없어서가 아닐까?' 이렇게 마음속으로 질문을 던지며 하고 싶은 일을 하려면 여기서 언제까지 일해야 하는지 그리고 어떤 성과를 거둬야 하는지 등을 따져보면 자연스럽게 다음 단계로 넘어갈 수 있습니다.

자사의 서비스나 상품이 영 마음에 들지 않는다면 망설이지 말고 이직을 추천합니다. 이런 질 나쁜 상품을 팔아야 돈을 벌 수 있다는 생각이 깊이 각인되면 일할 의욕이 안 날뿐더러 자존감이 낮아지기도 합니다. 그런 의미에서 자사의 상품과 서비스를 좋아한다는 건 그 일이 적성에 맞는다는 뜻이기도 합니다.

우리 인생에서 일은 큰 비중을 차지합니다. 자신이 좋아하는 일을 하는 것도 중요하지만 싫어하는 일은 하지 않겠다는 자세 또한 중요하다는 사실을 기억하세요.

이런 감정의 늪에서는 어떻게 벗어날까?

• 자신의 성향과 싫어하는 일이 무엇인지를 바탕으로 지금 하는 일을 다시 생각해보자.

34

하고 싶은 일이 없는 늪

"어떤 일을 하고 싶은지 모르겠어"

이런 고민이 얼마나 괴로운지 잘 알고 있습니다. 저 또한 스물두 살이 지나서야 좋아하는 일을 찾았습니다. 그후에도 고민은 계속되었습니다. 일이 있어 감사하다고 생각하면서도 매일 반복되는 일상에 지쳐갔죠.

'이대로 나이를 먹는구나.'

'지금 하는 일을 좋아하지 않지만 싫어하지도 않아. 그

렇다고 아주 재미있는 것도 아니야.'

'일을 그만두면 먹고살 수가 없고 새로운 곳에서 처음부터 다시 시작하기도 귀찮아. 그러다가 1년이 지나고 말았어…'

'못 견디게 싫은 건 아니고 참을 만해.'

이것이 오래도록 하고 싶은 일이 없는 늪에 빠져 있는 이유입니다.

중요한 건 '사람들에게는 저마다 맞는 일이 분명히 있어. 그러니 나도 좋아하고 잘하는 일을 찾을 수 있어'라고 생각하는 것입니다.

그런 일이 있다고 생각하면 '나에겐 맞는 일이 없어'라고 포기하는 대신에 '뭔가 다른 일이 있을 거야'라고 생각할 수 있으니까요.

막연히 어딘가 재미있는 곳에 가고 싶다고 생각하는 것과 구체적인 목적지를 정하고 그곳에 가야겠다고 생각하는 것은 무척 다릅니다. 후자의 경우, 어떻게 갈지 뇌에서 확실하게 지시를 내려주므로 자연스럽게 도착하는 방법을 찾을 수 있고 도착할 확률도 높아집니다.

인생을 바꾼 질문

사업을 하기 전, 저는 평범한 회사원이었습니다. 그런데 별안간 창업을 하게 된 계기가 있습니다. 바로 다음 질문에 대해 골똘히 생각해본 것이었습니다. 제 인생을 바꾼 질문을 여기에 소개합니다. 질문을 읽고 당신만의 답을 한번 생각해보세요.

【질문】

당신에게는 매월 수천만 원의 돈이 들어옵니다. 그 돈으로 충분히 즐기며 살았습니다. 가족, 친구와 어울려 해외여행도 가고 멋진 차도 여러 대 샀습니다. 슬슬 더는 할 게 없어 인생에 무료함을 느끼던 차에 병에 걸려 자기 인생에 남은 시간이 반년밖에 없다는 것을 알게 되었습니다. 여전히 매월 수천만 원의 돈은 그대로 입금됩니다. 그렇다면 앞으로 무엇을 하면서 남은 시간을 보낼 건가요?

이는 당신이 진정 하고 싶은 일이 무엇인지를 알기 위한 질문입니다. 대답에 힌트가 있습니다. 9년 전 내 대답은 "안락사를 당할지도 모르는 개와 고양이를 돌보거나, 어려움에 처한 사람을 돕고 싶다"라는 것이었습니다. 그래서 '사람을 돕는다'는 키워드를 찾아냈습니다.

사람을 돕는 데도 다양한 방법이 있습니다. 간호사, 의사, 마사지사, 돌봄 요양사…. 더 곰곰이 생각한 결과 '사람들의 마음'을 돌보는 일을 하고 싶다는 생각이 불쑥 들었습니다.

이 대답을 찾은 순간 회사를 계속 다녀야겠다는 생각이 순식간에 사라졌습니다. 이처럼 오직 먹고살기 위해 돈을 번다고 생각하면 내가 중요하게 생각하는 것, 나의 순수한 마음을 깨닫지 못합니다.

내가 잘하는 게 무엇인지 모르겠다면 무엇을 해야 사람들에게 도움이 될 수 있을까를 생각해보는 것도 방법입니다. 사람들에게 기쁨을 주고 도움이 되어야 비로소 그 일로 돈을 벌 수 있기 때문입니다.

어린 시절에는 단순하게 '○○가 되고 싶다'라고 생각하지만 그 꿈은 나이가 들수록 흐려집니다.

"세상은 그렇게 만만하지 않아."
"그런 허황된 말 그만하고 공부나 해."
"그 학력으로는 무리야."

아이들은 어른이 하는 말을 정답처럼 받아들이기에 부정적 말을 그대로 믿고 마음에 새깁니다.

'정말로 하고 싶은 일을 찾고 싶어.'
'내가 제일 잘할 수 있는 일을 하고 싶어.'
'하루하루를 이렇게 보내다니 뭔가 부족해.'

이런 마음의 소리는 지금 진정으로 하고 싶은 일을 하고 있지 않다고 가르쳐주는 소중한 깨우침이기도 합니다.

당신은 어디에서도 빛날 수 있다

전혀 좋아하지 않는 일이었는데 생각만 살짝 바꿨더니 갑자기 그 일이 즐거워졌다거나 싫어하던 일이었는데 불현듯 관심이 생겼다고 말하는 사람도 많습니다.

일을 바꾸든 바꾸지 않든 당신은 어디서나 빛날 수 있는 존재라고 믿는 게 중요합니다. 그 사실만 제대로 알고 주어진 하루에 최선을 다하다 보면 정말로 하고 싶은 일을 자연스럽게 찾게 되거나, 새로운 인연을 만나 그 전에는 상상도 못했던 인생을 살 수도 있습니다.

남이 시키니까 마지못해 일하는 상태가 계속되면 당신이 가진 힘을 발휘하지 못하고 아무나 해도 되는 일을 하게 됩니다.

하고 싶은 일을 해도 재미가 없을 때가 있습니다. 만약 그런 상태가 계속되면 당신이 하고 싶다고 생각한 일과 진심으로 하기 바라는 일이 일치하지 않는다는 증거입니다.

하루 중 할애하는 시간이 가장 길고 돈을 버는 수단이기

도 한 일은 당신의 인생과 밀접하게 관련될 수밖에 없습니다. 그런 만큼, 연애와 인간관계 이상으로 당신이 진정으로 바라는 삶이 무엇인지 깊이 고민해야 합니다.

하고 싶지 않은 일에 소중한 시간을 할애하는 것만큼 안타까운 일도 없으니까요. 앞에서 이야기한 것처럼 먼저 먹고사는 문제를 걱정하지 않아도 될 때 하고 싶은 일이 무엇인지 골똘히 생각해봅시다.

✦

이런 감정의 늪에서는 어떻게 벗어날까?

- 먹고살기 위해 돈을 벌지 않아도 된다면 무엇을 하고 싶은지 생각해보자.

35

일을 쉬지 못하는 늪

다른 사람보다 오래 일하거나 쉬는 시간에도 일하는 사람을 우리는 부지런한 사람이라고 여깁니다. 특히 그런 상사가 있으면 밑에 있는 직원들은 쉬는 것에 죄책감을 느끼게 됩니다.

한편 자신이 쉬는 사이에 다른 사람이 일을 하고 있으면 불안해하기도 합니다. 특히 일하는 만큼 수입으로 직결되는 개인사업자나 프리랜서라면 더욱 그러합니다.

어떤 사람이 새 일을 맡았다고 하면 '앞으로 내 일이 줄어드는 건 아닌가?' 하는 걱정과 불안에 시달리느라 모처럼 휴식이 주어져도 편히 쉬지를 못합니다.

이런 늪에서 벗어나기 위해서는 일이 없어지면 어떻게 하나 전전긍긍하며 일에 끌려다니는 수동적인 태도를 버리고 주어진 일을 효율적으로 처리해야 합니다. 균형 있게 일상을 보내려면 두 가지 관점에서 휴식 계획을 세우는 것이 좋습니다.

- 언제 쉴 것인가
- 얼마나 쉴 것인가

체력이 좋지 않아 일주일에 이틀을 쉬어도 늘 피곤해하는 사람이 있는가 하면, 쉴 때도 몸이 근질근질해 일을 하는 사람도 있습니다. 이 경우, 일을 하고 싶다는 마음이 크기 때문에 남들은 과로 아니냐며 걱정해도 본인에게는 별 문제가 되지 않습니다. 중요한 건 남들의 시선이 아니라 내 몸에 귀를 기울이면서 나한테 맞는 휴식 계획을 세우는 것입니다.

균형을 이루는 삶의 중요성

'일자리를 잃을지도 몰라'라고 불안해하면서 일하면 삶의 균형을 제대로 잡을 수 없습니다.

불안이 커질수록 더 일에 매달려 다른 중요한 일들을 소홀히 여기게 되기 때문입니다. 심지어 정당하게 휴가를 받아 쉬거나 가족과 휴일에 시간을 보내는 것도 꺼리면서 자신의 몸을 혹사시킵니다.

하지만 실제로 그런 일은 일어나지 않습니다. 남들은 앞으로 나아가는데 자기만 뒤처지는 것 같고 미래가 불안하니 그렇게 생각하는 것뿐입니다.

뭔가에 신경을 쏟으면 여러 가지 정보 속에서도 그 일과 관련된 정보만 더 크게 우리 안에 들어옵니다. 그리고 점점 더 그 상황 속에 빠져들게 됩니다.

따라서 걱정에 사로잡혀 있지는 않은지 늘 확인하는 습관이 중요합니다.

불안한 상태에서는 푹 쉴 수도 없습니다. 그러니 먼저 생각을 바꿉시다. 그리고 이성적이고 합리적으로 다음 사항들을 확인합시다.

'쉬지도 못하고 일하는 만큼 기대 이상의 성과를 거두었는가?'

'충분히 쉬지 못하는 상황에서 나와 가족은 얼마나 행복한가?'

'내 마음은 충만한 상태인가?'

이 질문에 선뜻 긍정적인 대답을 할 수 없다면 지금 당장 어떤 쉼을 가지고 싶은지 생각해보세요. 카페에서 여유롭게 시간을 보내는 건가요? 아니면 여행을 가고 싶은가요? 여행 간다면 바다입니까? 산입니까? 누구랑 함께 가고 싶은가요? 아니면 방을 치우고 후련한 기분을 느끼고 싶은가요?

적절한 방법을 찾았다면 스케줄 표를 꺼내 가장 빨리 시간을 낼 수 있는 날짜를 확인하고 그날 휴식을 최우선 순위에 올려놓습니다.

푹 쉴 수 있는 시간이 있어야 일을 더 잘할 수 있습니다.

그러니 쉬는 것도 일의 중요한 연장인 셈입니다. 자신은 쉬지 않고 일해도 괜찮다고 여길지 모르지만 몸과 마음은 어느 새 지쳐가고 있을지 모릅니다. 그렇다면 당연히 능률도 성과도 떨어지고 그토록 좋아하던 일도 언젠가 할 수 없는 날이 올 것입니다. 지금부터라도 하던 일을 잠시 멈추고 몸과 마음의 소리에 귀 기울여 보는 건 어떨까요?

이런 감정의 늪에서는 어떻게 벗어날까?

- 푹 쉬는 것도 일의 연장이다.

36

열심히 사는 사람을 삐딱하게 바라보는 늪

열심히 노력하며 꿈을 하나하나 이루어가는 친구가 부러웠던 적이 있나요? 표면적으로는 열심히 하는 친구를 질투하는 것처럼 보이지만 그 속에는 의외의 감정이 숨어 있습니다.

이러한 늪의 진짜 마음은 바로 '나도 최선을 다해 노력해보고 싶다', '나도 내 업무를 좀더 잘 해내고 싶다'는 건설적인 열정입니다.

사실 당신의 인생에 질투만큼 도움이 되는 감정도 없습니다.

앞에서 말했다시피 질투는 당신이 갖기 원하지만 갖지 못한 것을 봤을 때 생기는 감정입니다. '저걸 가지면 더 행복해질 수 있어!'라고 당신에게 알려주는 거죠.

'노력'이라는 말을 들으면 무엇이 떠오르나요?

- 열심히 한다.
- 힘들지만 극복할 수 있다.
- 번아웃
- 스트레스를 받는다.
- 성과를 낸다.
- 기분이 좋다.
- 과부하가 걸린다.

열심히 한다는 건 노력하여 힘든 일을 극복하는 것을 의미합니다. 그래서인지 '열심히'라는 단어를 떠올리면 과부하 걸린 상태, 힘겨워하는 모습이 자연스럽게 연상되기도 합니다.

이러한 상태를 '바람직하다'라고 보면 기분 좋게 노력할 수 없습니다. 나는 이렇게 힘든데, 너무나 쉽게 성취하는 친구를 보면 질투를 느끼죠.

뇌는 늘 당신의 지시대로 움직입니다. 평소에 '힘들어도 꾹 참고 계속해야 가치가 있어. 그렇게 노력해야 해'라고 생각하면 뇌는 그렇게 하라고 지시를 내립니다.

'노력'의 정의를 바꿔보자

안타깝게도 사실은 다릅니다. 최신 뇌과학 연구에 따르면 '기분 좋게 노력하는 사람'이 일을 효율적으로 하여 좋은 성과를 낸다고 합니다.

삐딱하게 생각하는 습관을 고쳐야 일도 인간관계도 좋아집니다. 살기가 편해지고 기분도 좋아지고, 덩달아 자신감까지 생깁니다.

먼저 마음속에 있는 '노력'의 정의를 바꿔봅시다.

① 열심히 노력하는 친구, 일을 잘하는 친구를 보면서 어떤 감정을 느끼고 어떻게 대하기를 원하는가?

② 지금 다니는 직장에서 어떤 일로 성과를 올리고 싶은지, 회사에 들어가기 전에 이루고 싶은 목표가 무엇이었는지 떠올려본다.

③ ①번과 ②번처럼 하루하루를 보내면 어떤 기분이 들지 생각해본다.

이렇게 친구를 보면 질투만 했던 때와 그 감정을 선하게 이용해 발전해가는 모습을 비교해봅시다. 당신도 친구나 주변 사람을 삐딱하게 보고 싶진 않겠죠. 그런 불편한 감정을 느끼면서 본인이 되고 싶지 않은 사람들과 똑같이 행동할 뿐만 아니라, 그 모습을 주변 사람들이 보고 있다는 것을 깨달아야 합니다.

비딱한 감정이나 질투는 잘만 이용하면 상처가 아니라 인생의 중요한 발판이 됩니다.

이는 당신 인생에 힘을 불어넣는 멋진 신호인 동시에 당신에게 여전히 가능성이 있다는 증거이기도 합니다.

'나는 이렇게 노력해도 안 되는데, 왜 저 친구는 뭐든지 쉽게 얻을까?'라는 삐딱한 시선이 아니라, '저 친구는 어떤 방법을 쓰길래 일을 효율적으로 해낼까?'라고 생각을 바꿔보세요. 더 나은 내일을 만들고 싶은 당신의 열정에 알맞은 방법까지 더해진다면 틀림없이 눈부신 성과가 있을 것입니다.

✦

이런 감정의 늪에서는 어떻게 벗어날까?

• **누군가를 질투했다면 본인도 그와 똑같이 해보자.**

37

죄책감 때문에 돈을 벌지 못하는 늪

회사에서 독립해 내 사업을 시작하면 '돈'과 관련된 문제로 자기 안에 큰 갈등이 일어납니다. 일을 하면 당연히 고객에게 돈을 청구하고 받는데 그것이 어렵게 느껴지기 때문입니다. 회사에 다닐 때는 고객에게 직접 돈을 받지 않고 월급 형태로 받으니 몰랐는데 막상 고객에게 직접 돈을 받으려니 겁이 납니다.

이 늪에 빠진 사람들은 돈을 버는 행위를 고객의 재산을 축내는 행위로 생각합니다. 그래서 돈을 청구하면서 쓸데없이 죄책감을 느낍니다.

사람들에게 도움이 되고 싶다고 생각하면서 고객에게 불편을 준다고 생각하다 보니 돈을 받을 때마다 마음이 편하지만은 않은 것입니다.

이 때문에 죄책감과 고통을 덜기 위해 가격을 낮추기도 하고, 필요 이상으로 서비스를 하다가 지치기도 합니다. 이는 액셀과 브레이크를 동시에 밟고 달리는 것이나 다름 없습니다.

돈을 받는 것에 죄책감을 느끼는가?

사업을 시작하기 전에 다음 사항을 확인해두어야 합니다. 업무의 질을 높이면 돈을 벌면서 느끼는 죄책감을 해결할 수 있기 때문입니다.

• 스스로도 괜찮다고 생각하는 상품, 소장하고 싶은 상품을 취급하고 있는가?

- 그 가격이 적정하다고 생각하는가?
- 내가 제공하는 상품과 서비스는 남과 비교했을 때 무엇이 다른가?

자신이 제공하는 서비스나 판매하는 물건이 다른 사람에게도 자랑할 만하다면 고객에게 정당한 대가를 받을 자격이 충분합니다.

일을 통해 고객의 가치를 높여주고 당신도 행복을 느낀다면 그 고객은 당신에게 고마움을 느끼게 되니 수입은 자연히 따라옵니다.

지금은 죄책감을 느낄 여유가 없습니다. 야심차게 사업을 시작했으니, 이를 인생을 바꿀 기회로 여기고 어떤 점에서 더 성장할 수 있을지 고민하며 진심으로 그 일을 즐깁시다.

가장 중요한 것은 고객을 진심으로 대하는 것입니다. 내가 판매하는 상품, 제공하는 서비스가 정말 이로운지 끊임없이 점검하며 다른 사람에게 내가 도움을 주는 존재인지 아닌지를 돌아보아야 합니다. 만약 그렇다는 확신이 생기면 최선을 다해 일을 해나가면 됩니다.

행동하여 얻은 성과는 그것이 작은 깨달음이든, 큰 실패든 당신을 성공으로 이끌어줄 것입니다.

✦

이런 감정의 늪에서는 어떻게 벗어날까?

〰〰〰〰〰〰〰〰〰〰〰〰〰〰〰〰〰〰〰〰〰〰〰〰〰

- 일하는 내용을 상시 확인하여 죄책감을 느낄 수 있는 싹을 잘라버리자.

제5장

새로운 사랑을 할 수 있을까요?

연애·결혼편

38

버림받을 것 같은 두려움에 빠지는 늪

끝 모를 두려움의 늪에 빠진다는 비유가 찰떡같이 들어
맞는 분야라면 역시 '연애' 아닐까요?

사귀는 사람의 사소한 말과 행동에 마음이 쓰이고, 작
은 오해가 눈덩이처럼 커져 혼자가 될지도 모른다는 두려
움과 맞서 싸우기도 합니다.

'그 사람이 예전처럼 다정하지 않아.'

'결혼할 마음이 없는 것 같아.'

'늘 휴대폰을 붙잡고 있는데 바람피우는 건 아닐까?'

'나한테 질렸나?'

머릿속이 이런 생각으로 가득하면 머지않아 버림받을 것만 같은 마음에 불안과 두려움이 극대화됩니다(하지만 상상이 현실이 될까 봐 상대에게 직접 확인하지는 않습니다).

감정을 다스리지 못해 상대에게 집착하고 행동이나 말을 통제하려 들고, 불안한 마음에 쉴 새 없이 연락하다가 오히려 상대와 멀어지기도 합니다.

불안과 두려움이 크면 연애뿐 아니라 사람들과의 관계에서도 적당한 거리를 두지 못해 힘들어집니다. 늘 상대의 마음을 시험하게 되죠. 함께 있고 싶으면서도 마음에 들지 않는 일이 생기면 벌컥 화를 냅니다. 상대방이 나를 얼마나 생각하는지 확인하고 싶어 일부러 걱정을 끼치고 마음에도 없는 거짓말을 합니다. 버릇처럼 헤어지자고 말하면서 상대의 기분을 확인하기도 하죠.

막상 정말로 헤어지면 '역시 날 사랑하지 않는구나'라고 생각하며 한층 더 깊은 늪으로 빠져버립니다.

자신을 소중하게 여기지 않는다

버림받을 것 같은 두려움에 시달리는 사람은 자신이 소중하다거나 가치 있는 사람이라는 생각을 하지 못합니다. 그래서 늘 일방적으로 참으며 관계를 유지하거나 소중하게 대접받는다고 느낄 때까지 애정을 갈구하는 말과 행동을 되풀이합니다.

자신의 마음을 솔직하게 표현하지도 못합니다. 자기가 먼저 좋아한다고 표현하지는 못하고 늘 상대에게 사랑한다는 말을 끌어내려고 합니다.

헤어지고 싶지 않은 나머지 감정을 억누르는 것이 습관이 되어 실제로는 헤어지는 게 나은데도 상대에게 집착하거나 자신의 마음을 알지 못하는 상태가 되었을지도 모릅니다.

혹시 혼자가 되는 게 두려워 여러 상대와 관계를 맺고 있는 사람이 있다면 그 이면에는 '버림받을 것 같은 두려움에 빠지는 늪'이 있다는 걸 알아두어야 합니다. 이 늪에 빠지면 마음속 깊숙이 자리한 외로움을 잊기 위해 나름대

로 자신을 방어하려 하고, 그 결과 한 번에 여러 상대를 만나며 일종의 보험을 듭니다.

하지만 자신을 지키고 싶어 상대를 이용하고, 주변 사람들을 끌어들여봤자 마음의 고통은 사라지지 않습니다. 이 늪에서 빠져나오려면 마음을 솔직하게 표현할 줄 알아야 합니다. 특히 헤어지고 싶지 않은 나머지 뭐든 상대가 하자는 대로 하면 주체적으로 관계 맺지 못하고 상대의 생각을 내 생각인 것처럼 내면화하여 진정한 자신을 잃을 수도 있으니 주의합시다.

"고마워."

"미안해."

"기뻐."

"슬퍼."

"힘들어."

"싫어."

지금까지 선뜻 하지 못했던 말을 하려면 일단 연습이 필요합니다.

이 늪에 빠진 사람들은 관계 때문에 불안해하면서도 미안하다는 말을 하지 못합니다. 자신이 졌다고 느끼기 때문입니다.

기분 좋게 미안하다고 말해봅시다. 기분을 말로 표현하지 않으면 혼자 남겨질 것 같은 불안과 두려움으로 늪에 더 깊이 빠지게 됩니다. 부디 스스로를 고립시키는 늪에서 빠져나오는 첫발을 내디뎌보기를.

✦

이런 감정의 늪에서는 어떻게 벗어날까?

• "기뻐", "싫어"라고 확실히 표현하자.

39

자기를 탓하는 늪

상대가 바람을 피우거나 돈 문제에 허술한 면이 있는 경우 또는 상대방의 잘못으로 헤어지게 된 경우에도 자기 탓을 하는 사람들이 있습니다. 이런 사람들에게는 연애가 고달프기만 합니다. 그러면서도 상대방을 변호하죠.

"원래 나쁜 사람은 아니야."
"잘하는 건 없지만 좋은 사람이야."

이런 말을 자주 입에 담는다면 주의가 필요합니다. 이런 생각이 어디서부터 왔는지 생각해본 적 있나요? 바로 어떤 사실을 외면하고 싶은 마음입니다.

상대가 더 이상 나를 사랑하지 않는다거나 이별을 고하려 한다는 사실을 외면하고 싶은 마음에 '내가 부족해서 이렇게 됐어'라고 해석하면서 충격을 완화하는 것입니다.

상대가 나를 소중히 여기지 않는다는 사실을 곧 자신이 가치가 없다는 뜻으로 받아들이기 때문에 어떤 이유가 있어야 상처를 덜 받고 스스로 납득할 수 있으리라는 무의식적인 발버둥입니다.

보잘것없는 사람과 사귀는 나를 인정하고 싶지 않은 심리도 있습니다. 지인이나 친구가 내 연인을 비난했을 때 "좋은 사람이야"라고 편드는 것은 좋아하는 사람의 가치뿐 아니라 나의 가치를 떨어뜨리고 싶지 않은 마음 때문이기도 합니다.

자신이 부족한 점을 고치면 앞으로 더 사랑하고 소중히 대해줄 것이라는 기대가 지나치게 커서 자신을 탓해야 마음이 편해지는 사람도 있습니다.

행복의 순서를 확인한다

어떤 이유로 자신을 탓하든 관계를 맺을 때 내 마음을 솔직하게 돌아보는 일은 무엇보다 중요합니다.

'어째서 좋아하는 사람과 함께 있는데도 행복하지 않고 불안하기만 할까?'

'왜 연애가 이렇게 고달프고 괴로울까?'

'늘 나만 참아야 하는 걸까?'

'상대가 나를 필요로 한다는 느낌을 얻기 위해 언제까지 버텨야 하는 걸까?'

나를 탓하면서 이어온 관계 속에서 나는 진정 행복을 느끼고 있나요? 연애에서 행복을 느끼지 못하고 나의 부족한 점에만 신경 쓸 경우 관계뿐 아니라 생활 전반에 악영향을 끼칩니다. 관계에서 떨어진 자존감이 업무의 능률을 떨어뜨릴 수도 있습니다. 혹여 실수라도 하면 '난 원래 이런 기본적인 일도 못하지'라고 하면서 스스로를 더 깎아

내립니다. 끊임없이 나를 탓하는 늪에 갇히게 되죠.

행복의 순서를 확인해봅시다. 당신은 어느 쪽이 더 중요한가요?

① 당신이 행복해지는 건가요?
② 상대가 행복해지는 건가요?

당신은 ①번과 ②번 중 어느 쪽을 선택했나요?
정답은 '둘 다 중요하다'입니다.

세상에는 100% 힘을 쏟아 붓지 않아도 당신을 소중히 아껴주고 당신과 보내는 시간을 행복하게 느끼는 사람이 아주 많습니다. 먼저 이 사실을 마음에 새깁시다.

그 사람 때문에 지금 사는 게 너무 힘에 부친다면 그 관계는 더 이상 당신에게 도움이 되지 않는 관계입니다. 그러니 과감히 털어버려도 좋습니다. 앞으로 나를 소중히 대해줄 인연은 얼마든지 있어요. 그런 사람에게 당신의 시간과 감정, 돈, 체력을 쏟아붓는 건 너무 아깝습니다. 당신은 소중한 사람이니까요. 혹시 진짜로 상대의 마음이 변했다고 해도 그건 그 사람 문제입니다. 당신은 여전히 가치 있고 소중한 존재죠. 누군가의 마음에 당신의 가치를 맡기지 마세요.

당신은 충분히 행복해질 자격이 있습니다. 일단 거기서부터 시작해보세요.

✦
이런 감정의 늪에서는 어떻게 벗어날까?

- **누군가의 마음에 내 가치를 맡기지 않는다.**

40

상대를 탓하는 늪

메일을 읽지 않는다 → 일처리가 느린 사람

함께 있으면 지루하다 → 재미없는 사람

회의 자료를 미리 준비하지 않았다 → 한심한 사람

혹시 사람을 이렇게 단순하게 판단하고 있지는 않나요?

만약 위와 같은 상황이 생기면 당신은 '상대가 했는지 혹은 하지 않았는지'만을 따지면 됩니다. 그 일로 상대의 인격마저 지레짐작할 수는 없죠.

특히 연인 관계에서는 기대한 대로 해주지 않으면 나를 사랑하지 않는다고 여기고 '나를 좋아한다면 이 정도는 당연히 해줘야지'라고 생각하는 경우가 많습니다. 이런 식으로 판단하면 상대는 점점 더 부담을 느낍니다. 그 사람도 자신의 인생이 있으니 늘 누군가의 기대에 맞춰 행동할 수는 없어요.

어느 한 군데 부족한 면이 있다고 해서 그 사람 자체가 보잘것없는 사람인지는 판단할 수 없습니다.

상대에게 부담만 주는 사랑법

이 늪에 빠졌다면 당신은 지금 여유를 잃었을 뿐 사실은 더 배려가 있는 사람이었음을 기억해주세요. 단지 기대했던 말이나 행동을 해주지 않아 서운한 마음에 화를 내는 것뿐입니다. 자신이 상대에게 기대했다는 사실을 인정하고 어떤 부분에서 자꾸만 화를 내는지 찾아봅시다.

예를 들어 평소 사소한 불만이 쌓여서인지 아니면 과거

일에 여전히 화가 풀리지 않은 것인지 생각해보면 좋습니다. 상대의 말이나 행동이 아니라 자신이 반복해서 화를 내는 지점을 찾는 것이 늪에서 빠져나오는 비결입니다.

실은 상대에게 밉보이고 싶지 않아서 맞추어주는 사람이나 이래라저래라 요구하며 남을 탓하는 사람이나 본질은 같습니다. 평소에 자신감이 없어 진정한 자신을 직면하는 게 두렵고 부끄러운 것입니다. 그런 생각을 하다가 자신을 소홀히 한다고 느끼면 분노가 폭발하는 거죠.

그러니 우선 자신의 감정을 직시하고 잃어버린 여유를 되찾는 것부터 시작해봅시다.

이런 감정의 늪에서는 어떻게 벗어날까?

• 나는 훨씬 더 배려 있는 사람이라는 것을 기억하자.

41

과거 실패에 사로잡히는 늪

실패를 곱씹다가 충격에서 헤어나오지 못하고 자기도 모르는 사이에 '트라우마'에 빠지는 사람들이 있습니다. 연애에서도 마찬가지입니다. 이별로 인한 트라우마에서 빠져나오는 데 오랜 세월이 걸리는 사람들이죠.

예를 들어 이혼의 상처가 깊어 이제 결혼이란 소리만 들어도 신물이 나는 상황이라고 합시다. 심플하게 보면 '과거에 이혼했다'라는 사실, 그저 그것뿐이지만 이혼을 실패라고 보느냐 혹은 대수롭지 않은 일로 보느냐에 따라 여러 가지 감정이 뒤따라옵니다. 심한 경우 트라우마에 빠지고 스트레스로 소화불량이나 우울증에 걸리기도 합니다.

과거에 집착한다

'나는 실패했어', '나는 결혼에 실패한 사람이야'라고 생각하면서 하루하루를 보내면 앞으로도 결혼에 실패할 것만 같아 만남에 신중해질 수밖에 없습니다. 누군가를 만나는 것 자체가 겁이 나서 좋은 사람이 다가와도 피해버립니다. '결혼과 이혼이 한 세트'가 되는 것입니다.

그중에는 '나 따위가…'라는 자기비하에 빠져 일부러 흠이 있는 상대나 사랑하지도 않는 상대를 고르기도 합니다. 만약 이런 상태라면 자신이 과거에 얽매여 있다는 사실을 빨리 깨닫는 게 중요합니다.

실패해도 속편하게 사는 사람들은 어떤 생각을 하면서 세상을 바라보는지 생각해본 적 있나요? 그들은 과거에 집착하지 않습니다. '뭐야, 그뿐이야?'라고 생각하겠죠.

그렇습니다. 그렇게만 해도 하루하루를 즐겁고 편안하게 살아갈 수 있습니다. 과거에 사로잡힐수록 집착은 심해지고, 선택지와 행동 반경은 줄어듭니다.

그래도 도저히 집착을 털어낼 수 없다면 에너지를 쏟을 만한 다른 대상을 찾아봅시다. 예를 들어 성공적인 커리어나 자기계발 같은 것입니다. '미래에 나는 어떤 모습으로 살고 있을까?'에 에너지를 쏟는 것이 과거 실패에 사로잡혀 헤어나오지 못하는 늪에서 탈출하는 방법입니다.

몇 번을 결혼하든, 몇 번을 이혼하든 과거는 과거일 뿐입니다. 당신의 마음을 먼저 살피고 그 에너지를 좋은 방향으로 분출한다면 분명 행복한 미래가 기다리고 있을 것입니다.

✦

이런 감정의 늪에서는 어떻게 벗어날까?

• **집착하는 마음은 마음먹기에 따라 얼마든지 좋은 방향으로 활용할 수 있다. 과거가 아닌 미래에 에너지를 쏟자.**

42

나만 운이 나쁘다고 느끼는 늪

나에겐 늘 형편없는 사람만 다가온다.

사귀던 사람이 바람을 피워서 헤어졌다.

별 볼 일 없었던 전 남자친구에게 예쁜 애인이 생겼다.

친구들의 연애가 부럽다.

어째서 나만 늘 운이 나쁜 것일까?

　실은 운이 나쁜 게 아니라 괜찮은 상대를 고르는 안목이
없는 것입니다.

괜찮습니다. 지금이라도 문제가 무엇인지 알았으니 앞으로 달라지면 됩니다.

"네가 제일 예뻐", "한눈에 반했어", "당신이 머릿속에서 떠나질 않아요. 또 만날 수 있을까요?"

이런 말을 듣고 자기도 모르게 그 사람을 좋아하게 된 적이 있나요? 나를 최고로 생각해준다며 그 사람에게 팔랑팔랑 넘어갑니다. 그리고 사랑받는다는 쾌감에 취해 상대의 스케줄과 요구에 최대한 맞춰줍니다.

이제 상대는 당신을 '나에게 맞춰주는 사람'이라고 생각하기 시작하는 동시에 당신은 '저 사람의 인생에서 내가 최고다'라고 생각하기 시작합니다. 자신의 약점이 드러나는 줄도 모르고 말이죠.

맹목적인 사랑에서 탈출하는 방법

'난 외롭고 쓸쓸해, 이런 나를 이해해줬으면 좋겠어.' 이것이 당신의 진짜 마음입니다. 그래서 당신을 이해해주는 사람에게 매번 마음이 끌리는 것이죠.

조심하자고 생각하면서도 마음속으로는 '나를 가장 아껴주는 사람'을 기다리고 있어 안테나를 바짝 세우고 그렇게 해줄 것 같은 사람을 찾아냅니다.

- 연인이 없으면 외롭고 불안하다.
- 좋아하지도 않는데 사귄 적이 있다.
- 연인에게 뭔가를 부탁받으면 왠지 필요한 사람처럼 느껴져 기분이 좋다.
- 일도 취미도 없고 연애가 취미다.
- 사랑을 하면 연인이 하루의 중심이 된다.
- 하루에도 몇 번씩 연락이 오지 않으면 사귀고 있는 게 맞나 싶어 불안해진다.

이중 해당되는 사항이 있다면 당신은 맹목적인 사랑을 하는 중인지도 모릅니다.

당장은 상대의 장점만 보이겠지만, '이 사람과 함께 있을 때 내가 성장할 수 있을까'라는 관점에서 둘 사이의 관계를 다시 생각해보기 바랍니다.

혼자만의 시간을 즐기지 못하면 이 늪에 빠질 가능성이 높습니다. 열중할 만한 일도 없고 그렇다고 밖에 나가자니 귀찮고…. 이럴 때는 누구나 자신이 한심하게 느껴집니다. 외로움도 밀려오죠.

'지금 외로워서 누군가에게 사랑받고 싶어. 그래서 연애를 원하는구나.' 이렇게 연애에 의존하는 자신의 성향을 인정하고, 정말로 행복해지려면 어떤 연애를 해야 하는지 생각해봅시다.

운이 나빴다거나 실패했다고 생각하는 과거 연애 경험에서 배워야 할 과제를 발견할 수도 있습니다. 과거에 집착만 하지 않는다면 말이죠. 과거를 발판 삼아 앞으로 어떤 사람을 만나고 싶은지, 그 만남을 통해 어떻게 성장할 수 있을지 고민하는 시간을 가져봅시다.

외로움 때문에 상대를 제대로 알기도 전에 덜컥 사귀기

부터 한 것은 아닌지, 자존감이 낮은 상태에서 연애를 시작해 그 사람이 인생의 전부가 되어버린 것은 아닌지를 따져보세요. 그리고 기준을 자기 자신에게 두는 연습을 해봅시다. 어떤 순간에도 당신이 가장 사랑해야 할 대상은 다른 누구도 아닌 당신입니다.

이런 감정의 늪에서는 어떻게 벗어날까?

- 사랑이 달아오른 순간일수록 함께 있어 내가 성장할 수 있을지를 확인해보자.

43

아무에게도 사랑받고 싶지 않은 늪

연인이나 배우자와의 관계가 원만하지 않을 때, 아무도 나를 사랑해주지 않는 것 같아 문득 서글퍼지기도 합니다.

사랑받지 못한다고 느낀다는 말은 사랑받는다는 증거를 하나도 찾지 못했다는 뜻입니다.

왜 이런 생각을 하는 걸까요? 조건적 사랑을 하기 때문입니다. 그래서 불안해지고, 무의식중에 '사랑받고 있는지, 아닌지'를 확인하게 되는 것입니다.

상대방이 나를 사랑해주지 않는다고 느끼면 괜히 씁쓸해져 '아무도 나를 사랑하지 않아'라고 생각하던 과거 습관까지 튀어나오죠.

　최근에 상대방과 충분히 대화를 나누고 있나요? 함께 즐거운 시간을 보내나요?
　사랑받지 않는다고 생각하고 낙담하는 대신 이렇게 생각하게 된 원인이 무엇인지를 확인해야 합니다. 이유도 모른 채, 상대가 사랑해주지 않아 불행하다고 느끼면 점점 더 깊이 늪에 빠져들기 때문입니다.

　느긋하게 둘만의 시간을 가지지 않아서 외로운지 다함께 모이지 않아 즐거운 시간이 줄어들었는지 살펴보는 것입니다. 구체적인 원인을 찾으면 대화도 구체적으로 할 수 있습니다. "요즘 들어 왠지 씁쓸해요"라고 막연하게 얘기하면 듣는 사람도 어떻게 해야 할지를 모르니 아무것도 해줄 수가 없습니다.
　그보다는 "요즘 둘만의 시간이 너무 없는 것 같은데 내

일 산책이라도 같이 하면 어떨까요?" 하고 묻는 편이 훨씬 좋습니다.

'좋아한다'와 '미움받고 싶지 않다'는
의미가 전혀 다르다

계속 사랑받지 못한다고 느낀다면 뭔가 답답한 상태에서 관계를 맺고 있을 가능성도 있습니다. 속마음을 말하지 못하고 참고 있지는 않은가요?

'그 사람을 좋아해'라는 감정과 '그 사람에게 미움받고 싶지 않아'라는 감정은 전혀 다릅니다. 좋아한다는 감정에는 자신의 '적극적인 마음'이 담겨 있습니다. 그래서 다른 사람을 좋아하게 되면 삶이 즐거워집니다.

반면, 미움을 받고 싶지 않다는 감정에는 '소극적이고 수동적인 감정'이 강합니다. 눈 밖에 나지 않으려고, 좋은 인상을 주려고, 일부러 자신을 죽이고 부정적인 감정으로 상대를 대합니다. 그래서 서로 숨이 막히고 힘들어지는 것입니다.

상대에게 미움을 받고 싶지 않다는 마음이 강하다면 일단은 자신을 되찾는 것부터 시작합시다.

나와 다른 사람의 감정을 확실히 구별하는 것이 중요합니다. 남에 의해서가 아니라 스스로 자기감정을 받아들이고 음미할 수 있어야 비로소 '더 행복해지고 싶어', '나는 더 사랑받을 수 있는 존재야', '태어나길 정말로 잘했다'라고 느낄 수 있습니다.

누구나 이렇게 생각하면서 살아야 합니다. 연인이 있느냐, 없느냐와 상관없이 말이지요. 진정 자신을 알고 사랑하면 훨씬 기분 좋은 하루하루를 보낼 수 있습니다. 누군가에게 사랑을 받길 갈구하기보다 '스스로 사랑하고 행복하게 해주겠다'라는 마음이 더 소중합니다.

✦

이런 감정의 늪에서는 어떻게 벗어날까?

- **내 감정이 어떤 상태인지를 받아들이고 차분히 음미하자.**

마지막까지 읽어주셔서 감사합니다.

사람들이 이해해주지 않아 외로운가요?

인정받지 못한다고 느끼나요?

미움받는 것 같은 기분을 느끼나요?

나만 손해 보고 사는 것 같나요?

진짜 내 모습을 알면 아무도 사랑하지 않을 거라고요?

'당신이 빠져 있는 감정의 늪'은 모두 스스로 만들어낸 '두려움'일 뿐입니다. 나는 상담을 받으러 오는 사람들에게 주로 이렇게 말해줍니다.

"자신을 똑바로 보세요."

"자신에 대해 알아봅시다."

대부분 '네? 아니 무슨 그런 당연한 말을…'이라고 생각합니다. 하지만 일이 잘 풀리지 않거나 힘들고 슬플 때는 자신을 객관적으로 바라보거나 이해하는 게 생각보다 어렵습니다.

그러니 여기서부터 출발해야 합니다. 자신을 똑바로 바라봐야 원인을 알고 문제를 해결할 수 있기 때문입니다.

이렇게 한 발을 내디디면 앞서 늪에 비유하여 소개했던 감정을 자세히 살펴볼 수 있습니다. 늪에 빠진 나를 구할 수 있는 건 나밖에 없습니다. 자신에게 어떤 힘이 있는지를 알려고 하지 않고 요령에 기대는 사람이 많습니다. 이는 정말로 안타까운 일입니다.

우리의 뇌는 희한하게도 자신을 제대로 바라본 후에는 힘들고 끔찍했던 과거의 경험을 별거 아닌 일처럼 느낍니다. 그 덕에 감정에 휘둘리지 않고 스스로 빛나는 미래를 만들어갈 수 있습니다.

늪에서 빠져나온다고 해서 다른 사람이 되는 것은 아닙니다. 지금까지 스스로도 알지 못했던 진정한 자신으로 돌아올 뿐입니다. 그거면 충분합니다. 그것만으로도 행복을 있는 그대로 받아들이고 자신의 가치와 감정을 긍정하면서 살 수 있습니다.

항상 저의 뉴스레터와 블로그를 읽어주시는 독자 여러분, 고객 여러분, 저의 성장을 도와주신 여러 스승님들 그리고 잦은 출장과 쌓인 일로 바쁜 저를 잘 이해해주고 따뜻하게 응원해준 남편, 기타 모든 관계자 여러분들에게 진심으로 감사드립니다.

마지막으로 이 책을 선택해주신 여러분에게 감사 인사를 드립니다. 이 책을 여러분 자신을 이해하고 사랑하는 데 활용해주신다면 더없이 기쁠 것입니다.

감정의 늪에서 빠져나오는 중입니다

상처에 숨어버린 진짜 마음을 찾는 법

1판 1쇄 발행 2022년 5월 23일
1판 7쇄 발행 2024년 1월 8일

지은이 다나카 요시코
그린이 애숭
옮긴이 전경아
발행인 박명곤　**CEO** 박지성　**CFO** 김영은
기획편집1팀 채대광, 김준원, 이승미, 이상지
기획편집2팀 박일귀, 이은빈, 강민형, 이지은
디자인팀 구경표, 구혜민, 임지선
마케팅팀 임우열, 김은지, 이호, 최고은

펴낸곳 (주)현대지성
출판등록 제406-2014-000124호
전화 070-7791-2136　**팩스** 0303-3444-2136
주소 서울시 강서구 마곡중앙6로 40, 장흥빌딩 10층
홈페이지 www.hdjisung.com　**이메일** support@hdjisung.com
제작처 영신사

ⓒ 현대지성 2022

"Curious and Creative people make Inspiring Contents"
현대지성은 여러분의 의견 하나하나를 소중히 받고 있습니다.
원고 투고, 오탈자 제보, 제휴 제안은 support@hdjisung.com으로 보내 주세요.

현대지성 홈페이지